知識ゼロからの

行動経済学入門

川西 諭
上智大学経済学部教授
経済学博士

★多数派の意見に合わせてしまう〈同調行動〉
★人は心のダメージが小さい選択をする〈後悔回避〉
★モンティ・ホール問題
★決断したくない心理〈決定回避〉
★都合のいい情報だけを受け取る〈認知的不協和〉
★なぜ後悔する選択をしてしまうのか?〈近視眼的な本能〉
★時間が経過すると好みが変わる?〈時間不整合性〉
★悪銭は身に付かない〈あぶく銭効果〉
★払ってしまったお金をどう考える?〈サンクコストの呪縛〉
★いったんよいと思ったら変えられない〈選択的意思決定〉

幻冬舎

はじめに

人間関係に悩みを抱える日本人が増えているといわれます。「あの人はどうしていつも不機嫌なのだろう?」「どうして私が困っているのに手伝ってくれないの?」「私の気持ちをわかってくれない…」「あの人の考えていることは理解できない!」そんな声がしばしば聞かれます。他人の行動や思考が理解できない。それが悩みの原因になっているようです。

経済の中にも不可解な行動は多くあります。「保険を買うほど安全志向なのに、リスクのある宝くじを好んで買うのはなぜ?」「ボーナスの額が同じなのに喜ぶ人もいれば、不満に思う人もいるのはなぜ?」「後悔することが目に見えているのに、どうしてムダ遣いがやめられないのか?」

これらの疑問に答えるべく、人間の経済行動の仕組みを解き明かし、世にあふれるさまざまな経済現象をより深く理解しようとする学問、それが行動経済学です。

はじめは経済行動の仕組みを研究してきた行動経済学ですが、それを突き詰めていくうちに、人間の心理についても多くのことがわかってきました。人間の行動は本当に不思議で神秘的です。

また、人間はけっして万能ではありません。その限界を克服すべく、長い時間をかけて行動を賢く進化させてきたのです。本書を読むと、私たちは他人の行動はもちろん、自分の行動のことさえよく知らなかったことに気づかされるはずです。

「敵を知り己を知れば百戦危うからず」

あなたを悩ませる他人の行動や自分の行動が理解できるようになれば、不安や憤りを覚えることはずっと少なくなるでしょう。自分の不適切な行動や習慣をあらためることができるかもしれません。

行動経済学はその名のとおり経済学ですが、人間を知るのに役立ちます。経済と人間心理の奥深い世界を楽しみながら、不可解な経済行動に翻弄されることなく、むしろそれを賢く利用できるようになりましょう。

川西　諭

知識ゼロからの行動経済学入門　もくじ

BANK

序章

経済を解く鍵は人間行動にある

人は「できるだけ安く買おうとし、できるだけ高く売ろうとするはずだ」と考えられてきました。ところが私たちは普段の生活においても、そのように単純な動機で動いているわけではなく、たとえば、より高価なものを買ったり、本来なら自分のためにならない行動をしたりすることは日常茶飯事です。行動経済学は、こうした人間の特性や心理を経済学の中に織り込み、人間行動から経済現象や経済問題を読み解いていこうという学問です。

伝統的な経済学では人間の行動を説明できない

人間の行動は単純ではない

人間の行動は伝統的な経済学で想定するほど単純ではなく、多様で複雑である。

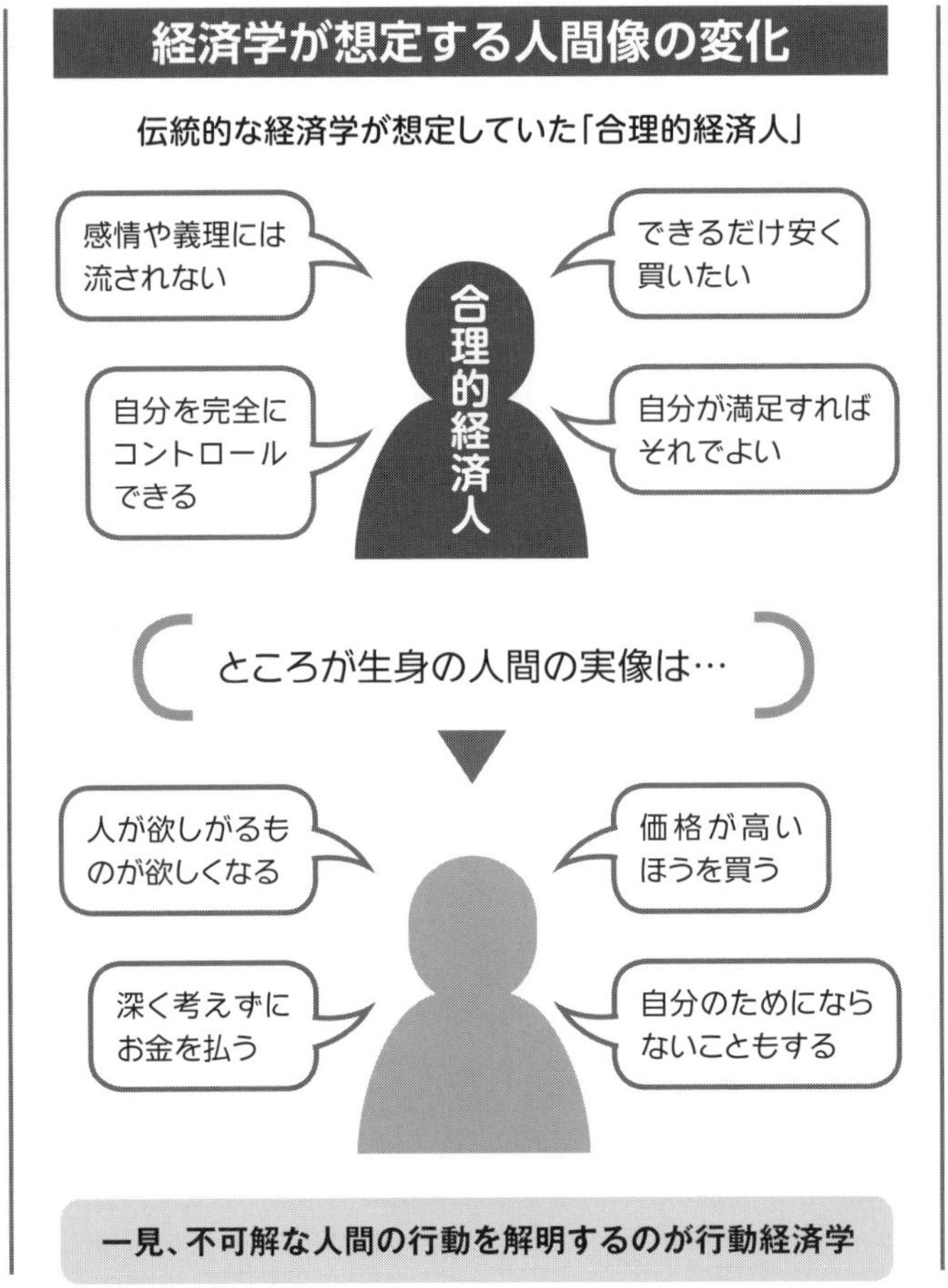

経済学が想定する人間像の変化
伝統的な経済学が想定していた「合理的経済人」
感情や義理には流されない
できるだけ安く買いたい
合理的経済人
自分を完全にコントロールできる
自分が満足すればそれでよい
ところが生身の人間の実像は…
人が欲しがるものが欲しくなる
価格が高いほうを買う
深く考えずにお金を払う
自分のためにならないこともする
一見、不可解な人間の行動を解明するのが行動経済学

高い値段をつけたら、売れる場合もある

野菜や魚、原油などの価格の話をするとき、伝統的な経済学では左ページの図のような**需要曲線**と**供給曲線**を使います。需要曲線が右下がりなのは、消費者は「できるだけ安く買いたいはず」と考えられているからです。実際、この想定があてはまるケースがほとんどなのですが、世の中には例外的なケースもあります。

「売れない商品に高い価格をつけたら、飛ぶように売れた」という話を聞いたことがありませんか。同じ

需要曲線と供給曲線

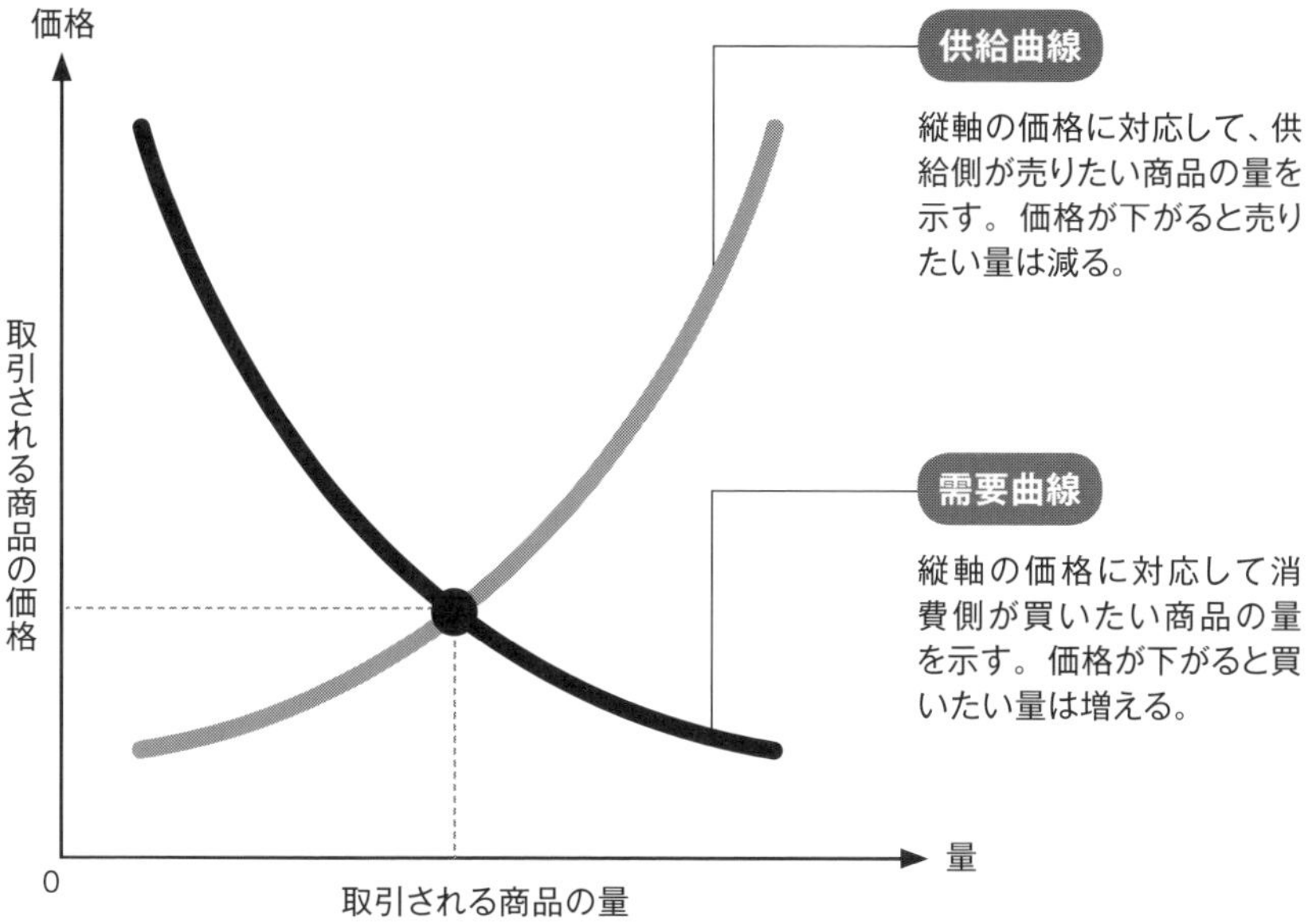
価格
取引される商品の価格
0
量
取引される商品の量
供給曲線
縦軸の価格に対応して、供給側が売りたい商品の量を示す。価格が下がると売りたい量は減る。
需要曲線
縦軸の価格に対応して消費側が買いたい商品の量を示す。価格が下がると買いたい量は増える。

これは需要と供給の交わる点で価格が決まるという、伝統的な経済学のしくみを解き明かしたもの
消費者は「できるだけ安く買いたいはず」、供給側は「できるだけ高く売りたいはず」という合理的な発想が大前提となっています

品質・デザインなら安いほうが売れそうなのに、常識に反して高いもののほうが売れることがあるようです。

安いものは「質が悪い」というイメージがあるからかもしれません。高級ブランドの服や高級車は価格の高さも魅力のひとつです。プレゼントなども価格が安いとかえって売れないでしょう。みんなが買っているのを見て、多少高くても買ってしまうこともあるようです。

社会が物質的に豊かになったことで、消費者の価値観も多様化し、安ければ安いほうがよいという単純な想定では理解できない経済行動が増えてきています。こうした、**人間の不可解な部分にも注目し、その行動メカニズムを解明しよう**というのが行動経済学の目的です。

不合理行動とは

「不合理行動」とは、その場の感情や好みに従い実行される、合理的とはいえない行動のこと。

わかっているけど、やめられないのが人間

「わかっているけど、やめられない」という言葉があります。「わかっている」は理性での判断で、「やめられない」は理性のコントロールがきかないことを意味します。

たとえば、ダイエットを決意しても、誘惑に負けて夜食や間食をとってしまう（**不合理行動**）と、体重はなかなか減りません。むしろ増えてしまうこともあります。人間は自分が思っている以上に自分の気持ちや行動をコントロールできないのです。

行動を改善するためには、まずは自分のことをよく知る必要があります。行動経済学を学ぶ第一歩は、**自分がどのような傾向を持ち、どのような行動をとることが多いかを知ること**から始まります。

Column
不合理行動とは何か

本書で述べる不合理行動とは「単純な経済合理性では説明できない行動」を指します。明らかな矛盾や間違いのある行動もありますが、なかには単純な合理性では説明できないが、より高度な合理性（正当な理由）が隠されている場合もあります。不可解だからといって「不合理」と呼ぶのは適当ではないかもしれませんが、誤解を生じない限り「不合理行動」という表現を使います。

行動経済学を学ぶメリット①
人の行動を予測できる

行動経済学を学ぶことで、理由がよくわからなかった人間の消費心理や行動がわかるようになる。

不可解な行動にも一定の傾向がある

一見すると不可解に見えても、人はデタラメにその行動を選択しているわけではありません。そして、多少の個人差はありますが、**同じような状況に置かれたら、同じような行動を選択する可能性が高い**のです。

また、人は過去の行動と同じ行動をとりがちで、集団の中にいたり、皆と一緒に行動したりするときは周囲の人の影響を受けて**周囲の人と同じ行動をとる**ことが多くなります。

皆が常識では考えられない突飛な振

る舞いをしたら、自分も同じ突飛な振る舞いをし、皆が過激な行動をしたら、同じ過激な行動をすることをためらいません。不合理な行動といっても規則性はあり、ある程度、予測することができます。

Column

人の心理から経済を読み解く

行動経済学は「人間の行動から経済現象や経済問題を読み解こうとする学問」です。心理学や行動科学の成果や考え方、実験的な手法を本格的に導入し、経済学と心理学を融合させたハイブリッドな学問といえます。「理性よりも感情や情念に左右されがちなありのままの人間」に注目したことで、従来の経済学では難しかった経済現象や問題の解明が可能になりました。

行動経済学を学ぶメリット②
他人を理解できる

どうしたの しょんぼりして
この間の 新商品の企画 さっき営業部から ダメ出しされ ちゃいました
けっこう いい線 いってると 思ったけどなぁ
理由は 聞いたの?
おいいね
はあ インパクトが 弱くて 他社の 先行商品に 埋もれちゃうって
せっかく部長決済の 手前まで行ったん ですけどね もう一度 考え直します
え?
もう一息 だったんでしょ あきらめないで 手直しして 再提出したらどう?

行動経済学を学ぶことで、不可解だった他人の心理や行動がわかるようになる。

促進フォーカスか、抑止フォーカスか

100点満点のテストで90点とったとき、あなたは「90点とれた」と考えますか、それとも「10点足りなかった」と受け止めますか。人によって注意を向ける（フォーカスする）ところが異なります。「90点とれた」と考えるタイプは進歩や達成に興味が向いている**促進フォーカス**、「10点足りなかった」と考えるタイプは失敗やミスに興味が向いている**抑止フォーカス**と呼ばれます。

促進フォーカスは**達成動機**が強く、

テストで高得点をとるために懸命に勉強します。対して、抑止フォーカスは**失敗回避欲求**が強く、悪い点をとらないように慎重に解答します。相手がどちらのタイプかわかれば、他人を理解するヒントになります。

Column

自己制御のやり方の違い

心理学者のヒギンズは、促進フォーカスと抑止フォーカスの違いを、自己制御のやり方の違いから説明しました。つまり、「自分はこうありたい」と理想を掲げ、目標とする状態に近づけていくタイプ（促進フォーカス）と、「自分は、こうあるべき」という義務感から、失敗やミスを犯さないようにするタイプ（抑止フォーカス）があるということです。あなたはどちらのタイプですか?

行動経済学を学ぶメリット③ 世界をより深く知る

行動経済学を学ぶことで、経済現象や経済問題など世の中のしくみを見る目が養われる。

満足度を最大にするように合理的に判断

伝統的な経済学では、**合理的経済人**（P10）を想定していました。合理的経済人とは、**すべての商品とその価格を考慮して、自分の満足度（効用）を最大にするよう合理的に判断し、行動する人**を指します。

合理的経済人は自分の満足度を上げることにしか興味がなく、自分の行動の結果、他人がどうなろうと気にしません。感情や義理に流されることも、経済的欲求以外の欲望に悩まされることもなく、完全に自分を

コントロールできます。

かつては、このような合理的経済人を前提とすることで、経済のしくみや経済現象を説明できると考えられていました。ところが、20世紀後半になると、経済学の対象が拡大したこともあり、それでは現実の人間行動や経済現象を説明できなくなってきたのです。

Column

伝統的経済学の限界が行動経済学を生んだ

心理学者のカーネマンとトベルスキーは、伝統的な経済学の前提と理論が現実とかけ離れていることを指摘しました。「現実の人間は、それほど合理的ではない」と、より実証的な経済学、すなわち行動経済学を提唱しました。

流行やトレンド、多数派の意見はなぜ強いのか

通販カタログ

行列があるとつい並んでしまう人間心理

今度 ここ 食べに行かない
でも混んでるんじゃない?
スウィーツ特集
毎日女性
――とかいいながら来てみたら
あそこだよ
やっぱり並んでいるね
ズラー
ちょっとあのお店すごくない?
そうね でもラーメン屋よ
麺
麺
ズラーッ
すごくおいしいのかしら
結局並んでる

周りの人の言動に影響を受け、多数派の意見や行動に無批判に追従することを「同調」という。

サクラが多いほど、同調する人も多くなる

ニセの行列は企業や店がサクラを並ばせて、あたかも人気店・繁盛店であるかのように見せかける販売促進戦略のひとつです。

これは、**同調行動**※や**群衆心理**などの人間心理を巧みに突いた戦略だといえます。米国の心理学者**ミルグラム**がニューヨークで行った実験で、このことは証明されました。その実験ではまず、3人のサクラが特定のビルを見上げて立ち去ったとき、通行人の6割が立ち止まって同じよう

※同調行動：他人の行動を見て、多数派と同じ行動をとること。

にビルを見上げました。次に、6人のサクラが立ち止まってビルを見上げると、8割の人が同じ行動をとりました。サクラの人数が多くなればなるほど、ビルを見上げる人は増えたのです。

Column
同調行動は行動経済学のキーワード

同調行動とは、行列を見たら並びたくなるなど、深く考えないまま「皆がしているから」と多数派の意見や行動に合わせてしまうこと。同調行動が目立つのは、日頃から影響力が強い人の言動に注意を向け、流行やトレンド、多数派の意見・考え方などから外れないように気をつけているタイプです。多数派は楽な反面、欲求不満もたまりやすく、合理的に考える力が失われがちになります。

不合理行動の読み解き方

唐突ですが「笠地蔵」という昔話をご存じですか
うろ覚えですがこんな話でした
おおみそかおじいさんが笠を売りに行った帰り道、雪が降り出しました
町外れの6体のお地蔵さまも全身に雪が積もっています
おじいさんは持っていた売れ残りの笠をお地蔵さまにかぶせて家へ帰りました
お地蔵さんの恩返しですね
ええ話や…
真夜中外で「どさっ」という大きな音がするので表を見るともちや米、鯛などのごちそうがたくさん置かれていましたとさ

不合理行動には思いつきだけでなく、性格や感じ方に基づく、確かな規則性や傾向がある。

不合理行動のメカニズムを解き明かす

これまでにも述べたとおり、伝統的な経済学は「合理的経済人」を前提としていました。もちろん、経済学者だって世の中に完全に合理的な人間が存在しているとは思っていませんでしたが、少なくとも合理的な行動をとろうと努力しているはずだと考えていました。

ところが、私たちは日常生活の中で「単純な合理性」では説明がつかない行動をとっています。一見すると一貫性もなく、思いつきやその場

このおじいさんの行動は合理的ですか
合理的とはいえません
地蔵に笠をかぶらせたところで
何の得にもならないからです
残念ながら
そうですね
おじいさんは利潤や効用の最大化を目指す
伝統的な経済学の考える
「合理的経済人」とは呼べません
しかし
行動経済学から見ると
おじいさんの行動は
「利他的行動」として
興味深いものになります
どこがですか
寒そうじゃのう…
「利他」とは他人の利益になることですが
おじいさんの行動は
その場では合理的でなかったにせよ
最終的には感謝され
プラスになりました
こうしたメカニズムも含めて
行動経済学を学ぶと社会や経済のしくみ
経済問題
ビジネスのあり方などをより深く
理解できるようになります
お礼だよ
やったー
私もやさしくしよう
自分のために…

の感情・好みで動いているように見えますが、そこには確かな規則性や傾向があります。この規則性や傾向は私たちの性格や感じ方、感情、心理などの表れで、伝統的な経済学の人間像とは相当にかけ離れた**生の人間の実像**です。そして、不合理な行動の中にも「見直すべき不合理行動」と「見直す必要がない不合理行動」があります。

本書は単なる不合理行動の紹介ではなく、行動の本源的なメカニズムにせまることで、**不合理行動の共通の要因、類似の心理・性質などを明らかにします。**そうしたことを理解することで、人間行動が自然に引き起こすさまざまな問題を未然に防いだり、解決したりすることができるようになるのです。

第1章

人はなぜ「最善の行動」を選ばないのか

～認知的節約による不合理行動

人はいつでも最適な選択ばかりをしているわけではありません。無意識のうちに慣れた方法をなぞっていたり、たいした根拠はなくても過去の成功体験に引きずられたり、周りに引っ張られたり、変化を怖がったり…。このような、冷静に考えると間違っていると思われる選択（不合理行動）を、つい私たちはしがちです。本章では、「不合理行動」の裏に潜む心理の根幹にせまってみましょう。

無意識のシステムと意識下のシステム

人は無意識のシステムと意識下のシステムを巧みに使い分けて行動している。

ほとんどの行動は無意識に進められる

人は、ほとんどの行動を無意識に進めています。食事や歯磨き、通勤、通学など日常生活の習慣的な行動だけでなく、合理的な判断を優先しなければいけないはずのビジネスの場面でも無意識の行動が目立ちます。無意識の行動は本人に自覚がないので、誤った行動であっても改善することが容易ではありません。

無意識に行動・判断するしくみを**無意識のシステム（システムⅠ）**、意識的に行動・判断するしくみを**意識下のシステム（システムⅡ）**と呼び、それぞれに長所と短所があります。無意識のシステムは、体が勝手に動くのでスピードが速く、同時に複数のことを処理できます。たとえば、熟練者にとっての自動車の運転のようなもの。意識せずに目は前方やミラーを見ながら、ハンドルやブレーキを操作しています。対して、意識下のシステムは状況を理解したり、何かを考えたり判断をしたり、計画を立てたりするときに働きます。これは同時に複数の作業を行うことはできません。

Column 理由を聞かれて、自分でもよくわからない

無意識のシステムは本能的な行動や習慣的な行動を支配しています。目や耳から入ってくる刺激に対して、頭で判断する前に、体が動いてしまう状態といえます。無意識の行動は「どうして、そうしたの」と問われても答えることができません。自分でも、よくわからないからです。後になって振り返って「どうしてあんなことをしたのだろう」と思う行動の大半には、無意識のシステムが働いています。

無意識のシステムと意識下のシステム

無意識のシステムの特徴	意識下のシステムの特徴
活動している脳の部位	活動している脳の部位
大脳古皮質・旧皮質、脳幹、小脳など	主に**大脳新皮質**の**前頭前野**
❶ 本能的行動や習慣的行動	❶ 理性的行動や思索的行動
❷ ほとんど意識されない行動	❷ 意識された行動
❸ スピードが速い	❸ スピードが遅い
❹ 複数のタスクを同時に処理できる	❹ 一度に単一のタスクしか処理できない
❺ 自動的に行われるため、融通がきかない	❺ 臨機応変に対応できる
❻ あまり疲れない	❻ 疲労感や負担感がある

人間は2つのシステムを巧みに使い分けて行動している。
私たちは無意識のシステムの存在に気づかないことが多い。

2つのシステムの長所と短所

区分／特徴	無意識のシステム	意識下のシステム
長所	●スピードが速い ●マルチタスクに対応 ●あまり疲れない	●環境や状況の変化に素早く対応できる
短所	●融通がきかない ●環境や状況の変化に対応できない	●スピードが遅い ●シングルタスク ●疲労感・負担感がある

考えることを節約する〈認知的節約〉

認知的節約とは、じっくり考えることを省略し、無意識のうちに楽な判断をしてしまう傾向のこと。

慣れない状況では対処を間違えやすい

意識下のシステムを使ってじっくり考えるのは、めんどうですし精神的・肉体的な疲労感をともないます。しかも、同時に複数のことに対処・処理することは困難です。このため、私たちは知らず知らずのうちに認知的な負荷の小さい簡便な方法で判断をしたり、無意識のシステムで行動をしたりする傾向があります。このように、考えることを節約することを**認知的節約**と呼びます。認知的な負荷の小さい簡便な方法で判断をすることは**ヒューリスティック**と呼ばれ、人を外見で判断したり、過去の傾向から将来を推測したりすることなどがこれにあたります。

また、最初は意識下のシステムで行っていた行動でも、それが繰り返し行われると、私たちはその行動を習慣化して無意識のシステムで行えるようになります（自動車の運転などがよい例です）。認知的節約は疲労感を軽減する賢い生存戦略ですが、環境の変化や突発的な出来事が起きたときまで認知的節約をすると判断を誤り大きな失敗をする危険があるので、注意が必要です。

Column

認知的節約につけ込む「振り込め詐欺」

いわゆる「振り込め詐欺」は認知的節約をする傾向につけ込む、悪質な犯罪の典型といってもいいでしょう。孫が窮地に陥ったと聞かされ、犯人に素早い行動を求められた際に認知的節約をしてしまうと、普通なら見破ることができるような犯人の嘘を見破ることができずに、だまされ大金を奪われてしまいます。

認知的節約をしてはいけない状況を見極める訓練をすることが、犯罪から身を守るためには必要です。

行動による意識レベルの違い

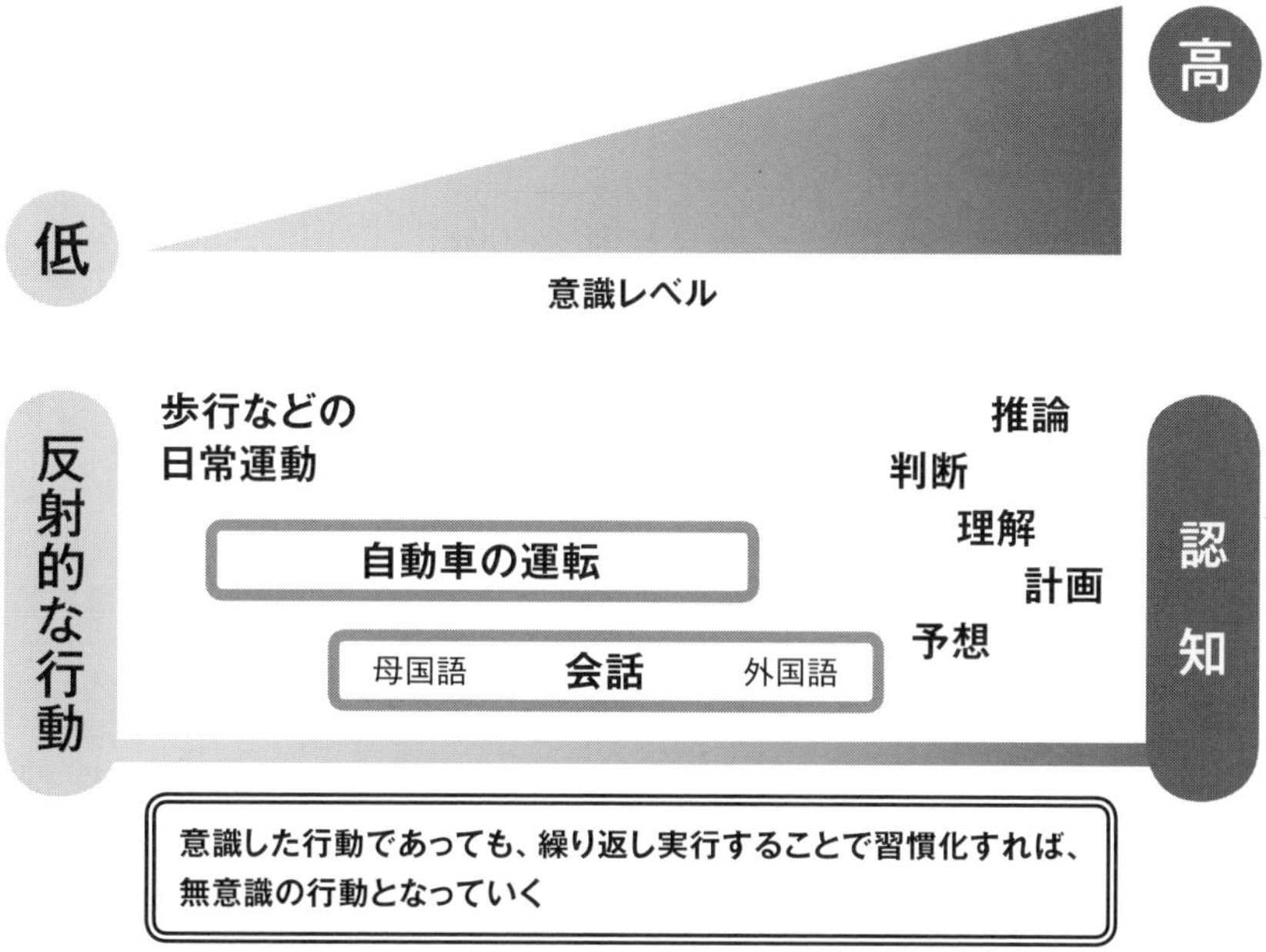
低
高
意識レベル
反射的な行動
認知
歩行などの日常運動
自動車の運転
母国語
会話
外国語
推論
判断
理解
計画
予想
意識した行動であっても、繰り返し実行することで習慣化すれば、無意識の行動となっていく

非常時に発動する無意識のシステム

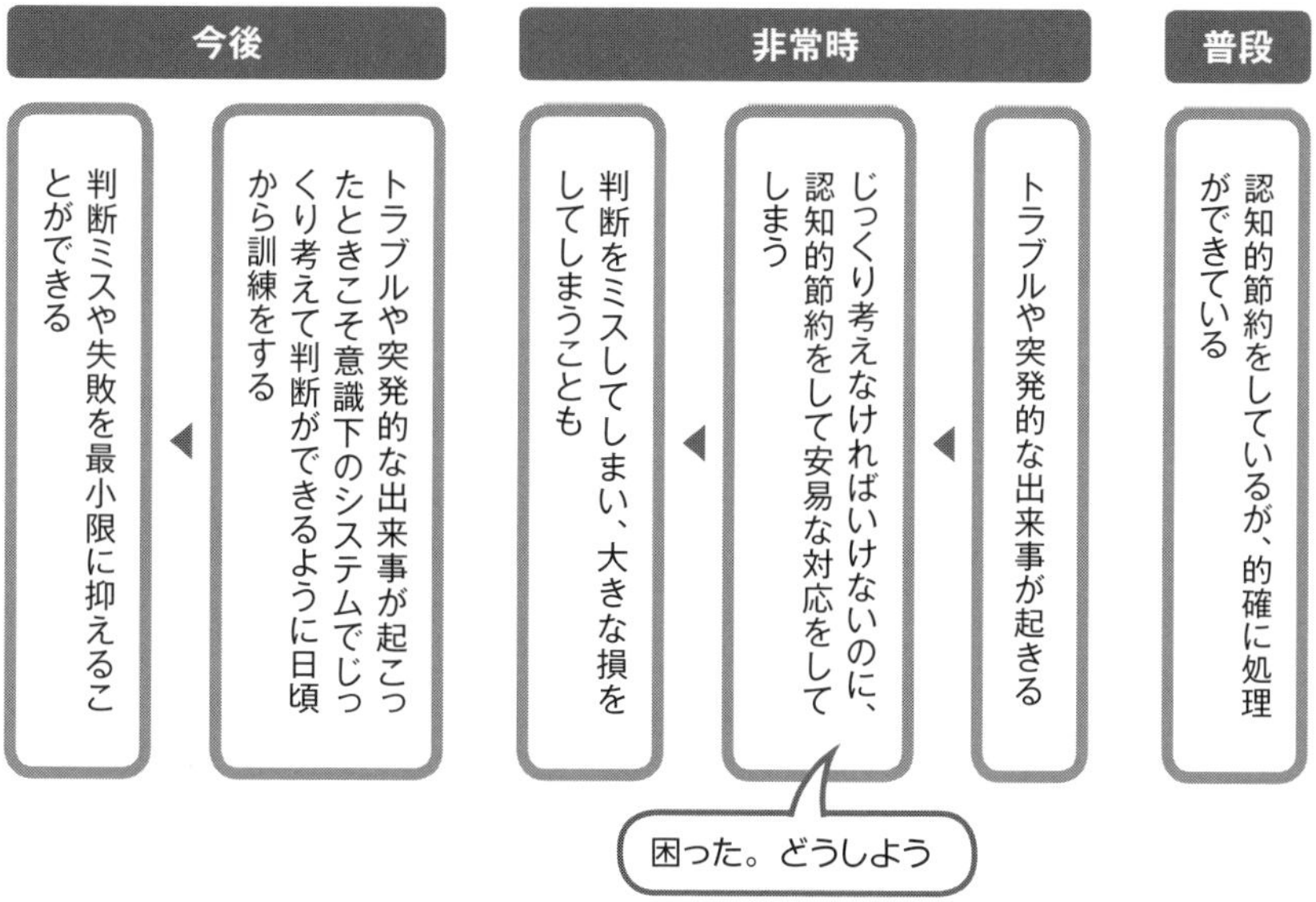
普段
認知的節約をしているが、的確に処理ができている
非常時
トラブルや突発的な出来事が起きる
じっくり考えなければいけないのに、認知的節約をして安易な対応をしてしまう
困った。どうしよう
判断をミスしてしまい、大きな損をしてしまうことも
今後
トラブルや突発的な出来事が起こったときこそ意識下のシステムでじっくり考えて判断ができるように日頃から訓練をする
判断ミスや失敗を最小限に抑えることができる

うまくいった行動を繰り返す〈習慣化〉

——ランチ時
普段キミたちはどこで食べてるんだ?
私はよく行くお店が3軒あってローテーションしています
イタリアンに和食に中華
ボクはほとんど行きつけの中華かなぁ~
いつもチャーハンセットです
なんだつまらん!
2人とも若いのに冒険心が足りないな
新しいお店を開拓しようと思わないのか
いつものところがおいしいのでつい
あれこれ迷うのがめんどうですし
じゃあ今日は誰も行ったことがない店に行こう
わー

人は過去に成功した行動を繰り返すことが多い。ただし、いつも成功するとは限らない。

習慣にすることで大幅にスピードアップ

認知的節約（P28）による不合理行動には「過去にうまくいった行動を繰り返す」「周りの人の行動を真似する」「後悔しないように、楽な選択をする」「問題を簡略化する」などがあります。

過去にうまくいった行動を繰り返すことを**習慣化**といい、認知的節約の代表的なパターンです。たとえば、目の前にたくさんの仕事があってどこから手をつければいいのか迷うとき、習慣化された手順や優先順位の

つけ方などがあれば、迷わず着手できます。一方、習慣化していなければ、膨大な時間を費やして優先順位を決め、その後、その優先順位に沿って仕事を進めることになります。習慣化によって大幅なスピードアップが実現できるのです。

このように、習慣化は便利ですが、デメリットもあります。ひとつは**選択肢を狭めてしまい、ベストの行動をとれるとは限らない**ことです。昼食選びでも仕事の優先順位づけでも、もっと望ましい選択肢があるかもしれません。もうひとつは**能力やスキルが進歩しない**ことです。同じ仕事や作業であっても、今までと違ったやり方に挑戦することで伸びる能力やスキルも、習慣化に頼りすぎると鍛錬されません。

多数派の意見に合わせてしまう〈同調行動〉

生活することは選択すること。その選択のための時間や手間を省くには。

同調は合理的だが、正しいとは限らない

私たちは、朝、どの服を着ていくか、レストランで何を食べるか、選挙で誰に投票するかなど、生活の中でいろいろな選択をしています。じっくりと考えて選択をするのは認知的な負担が大きい作業ですが、それを避ける簡単な方法は他人と同じ行動をすることです。他の人と同じような服を着て、同じメニューを注文し、人気のある人に投票すれば考える必要はありません。

こうした行動を、心理学では**同調行動**、経済学では**群衆行動・横並び**、政治学では**バンドワゴン効果**と呼びます。他の人たちがよく考えて選択をしてくれているなら、その行動に倣《なら》うのは合理的な認知的節約といえます。私たちは意図的に同調をすることもありますが、無意識のうちに本能的に他人の行動に同調してしまったり影響されてしまったりすることもあります。

心理学者の**アッシュ**による実験（左ページ）が明らかにしたように、この同調本能を悪用すれば、他人の行動を間違った選択に誘導することもできます。重要な場面では他人に流されて危険な選択をしていないか注意しましょう。

Column 多数派は楽だが、思わぬ落とし穴も

同調行動の背後には、人の行動を模倣することによってよい行動を学習していく「本能」があると考えられます。たとえば、「周りの人が食べているもの」と同じものを食べることにすれば、安全な食べ物を選別する際の大きな目安となります。

ただし、多数派の行動が誰かに誘導されると、割高なものを買わされたり、不良品をつかまされたりする危険性があります。

アッシュの同調実験

社会心理学者であるアッシュは次のような実験を行いました。

❶ 1本の棒が入った箱と、長さの異なる3本の棒が入った箱を用意した。

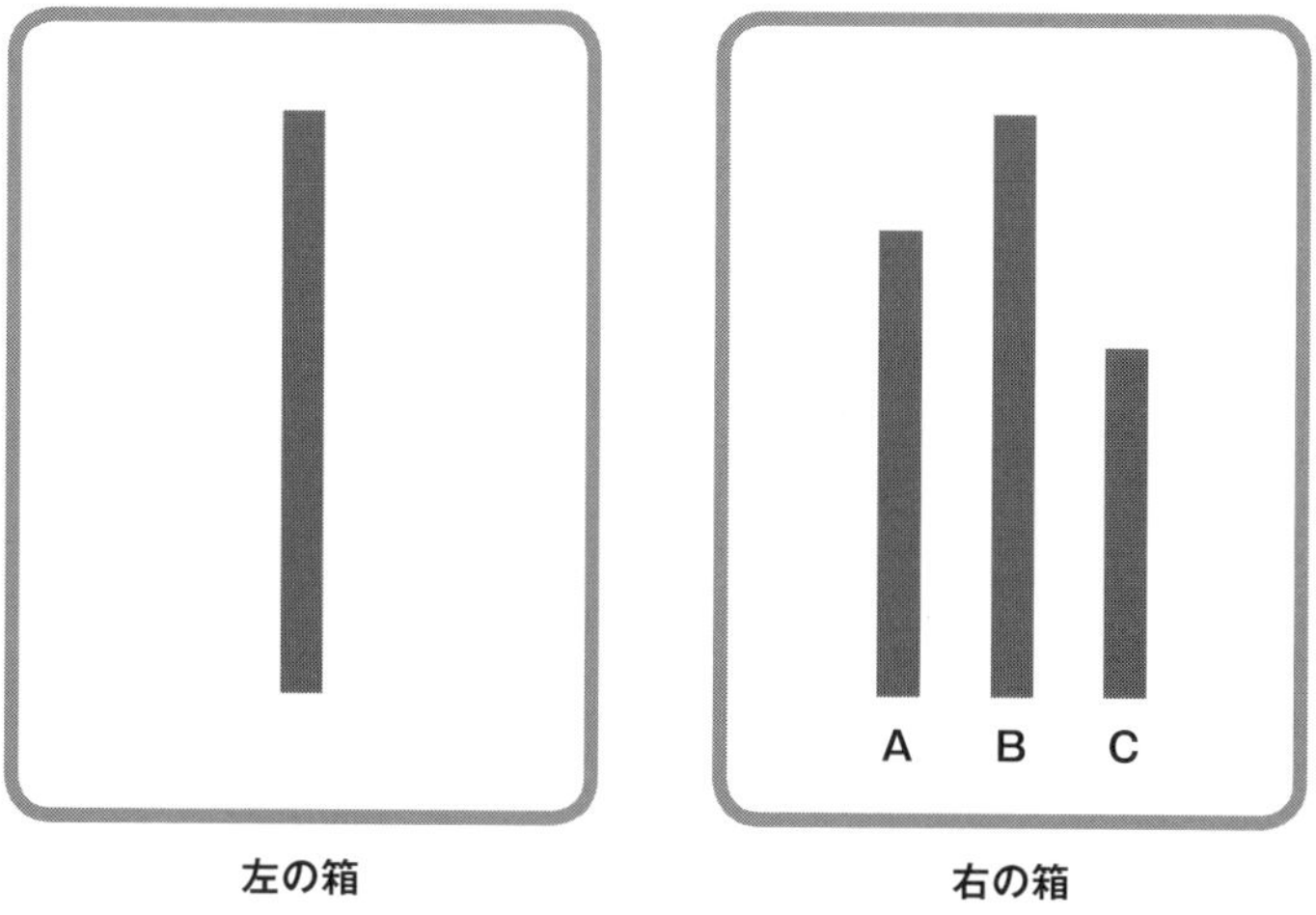

❷ 被験者に左の箱に入った棒と同じ長さの棒を右の箱から選んでもらった。

❸ 答えはBで、ひとりでやってもらうと、正答率は99％以上だった。

❹ 次に複数の被験者に同時に部屋に入ってもらい、同じ実験を行った。実際の被験者は、ひとりだけで、他の人はサクラ。

❺ サクラのほうが先に答え、3人以上のサクラが間違った回答（AもしくはC）をいった後では、被験者の回答はサクラの回答に引っ張られ、約30％の人が間違った回答をした。

❻ 同調した被験者に話を聞くと、「A（もしくはC）が正解だと思った」と述べた。

↓

ひとりで冷静に考えれば間違いようのない問題だが、考える作業を節約して周りの人の模倣（真似）をしたため、不合理行動を引き起こしてしまった。

自分の判断で失敗すると心理的ダメージが大きい

人は心のダメージが小さい選択をする〈後悔回避〉

失敗やミスをするとダメージ（後悔）が大きいため、できるだけ楽な選択をする。

決断のプレッシャーがのしかかる

十分な情報もない中で、複数の選択肢からひとつを選ばなければならないとしたら、たいへんなプレッシャーがかかります。結婚やマイホームの購入など人生を左右する問題にぶつかったり、仕事で重要な岐路に立ったりしたときなど、「決断して失敗したら」と考えると、なかなか決断できません。

そこで、どうするかというと、深く考えずに誰かに相談して、その人のアドバイスに従ったり、**何もしないという選択**をしたりします。いわば楽な選択をしてしまうわけです。「後悔したくないので楽なほうを選択しておく」気持ちを**後悔回避**といいます。

もちろん、その道の専門家にアドバイスを受けるのは合理的な行動ですし、株など高額の投資を行って大きな損を出すことを考えると「何もしない」も有力な選択肢ではあります。ただ、最初はそれなりに考えたうえで楽な選択肢を選んでいたところ、それが習慣になり無意識のうちに楽な選択をするようになってしまうと、いろいろな問題が生じてきます。

Column

成長のチャンスを失うことも

後悔したくない、という気持ちが強すぎると成長の機会が失われることもあります。たとえば、仕事で新しいプロジェクトを立ち上げる際、メンバーを社内や部門内で公募するとします。公募に応じた参加者は、プロジェクトが成功すれば高評価が得られますが、失敗すれば評価を落としてしまうかもしれません。そんなときに、「楽なほう」や「何もしない」ばかりを選択したら、せっかくのチャンスを逃してしまいかねません。

「失敗したくない」と「後悔したくない」

「失敗したくない」という気持ちと「後悔したくない」という気持ちは異なります。実際、失敗したからといって必ずしも後悔するわけではありません。失敗のしかた（どのように失敗したのか）によって、「後悔するか、しないか」「後悔の度合い」は違ってきます。

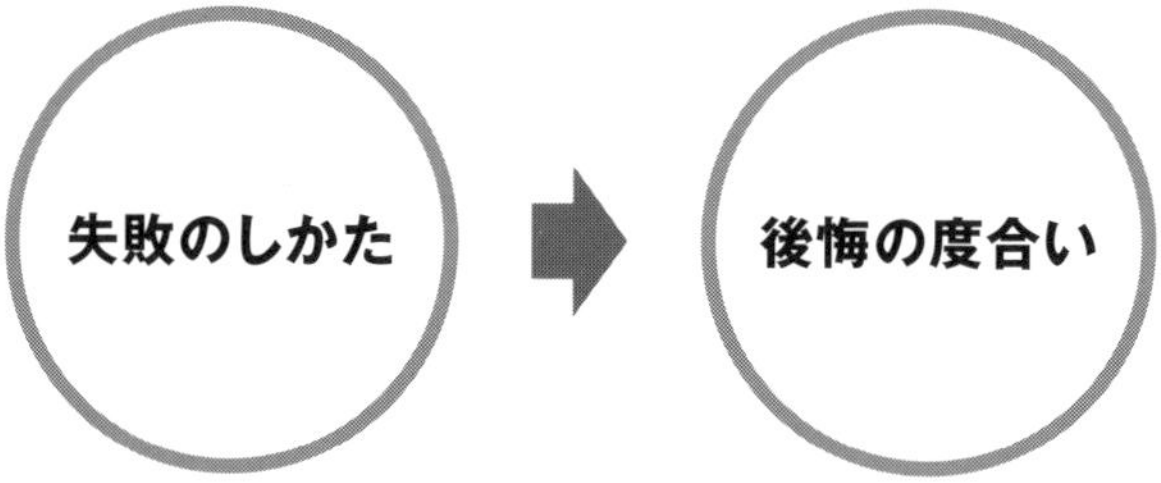
失敗のしかた
後悔の度合い

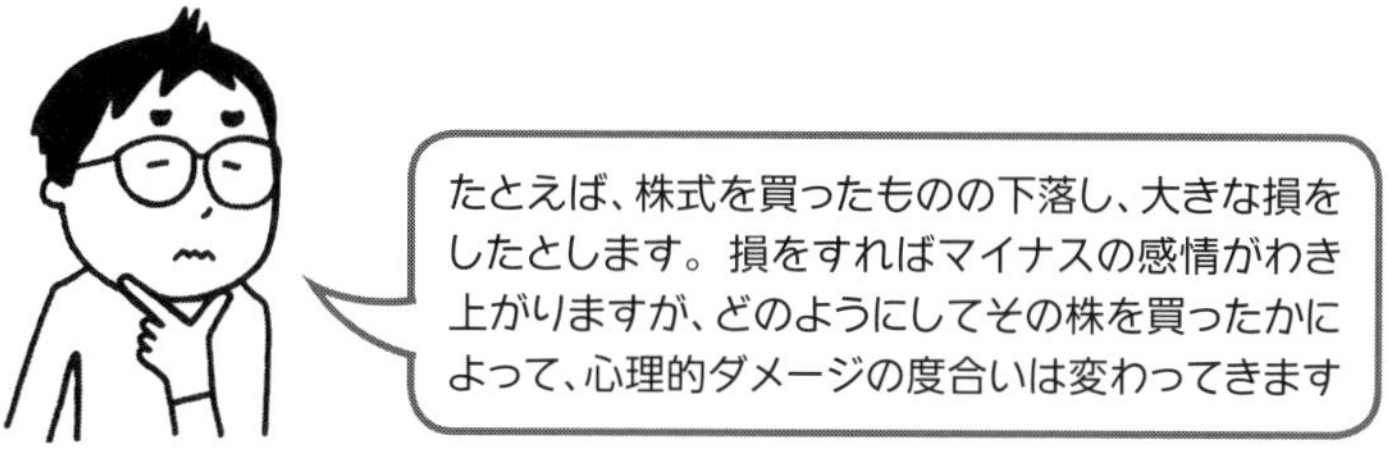
たとえば、株式を買ったものの下落し、大きな損をしたとします。損をすればマイナスの感情がわき上がりますが、どのようにしてその株を買ったかによって、心理的ダメージの度合いは変わってきます

- ▶**自分の判断で買った場合** → 後悔（心理的ダメージ）は**大きい**
- ▶**他人の判断に乗った場合** → 後悔（心理的ダメージ）は**小さい**
- ▶**株を買わなかった場合** → 後悔（心理的ダメージ）は**ほとんどない**

▶自分の判断で買った場合、判断ミスを認めざるを得ないので心理的ダメージが大きいのに対し、誰かの助言で買った場合、助言した人の責任と考えることができるので、心理的ダメージは小さくなる。

▶株を買わなかった人は利益機会を失したことになるが、誰かに悪口を言われたり嘲笑されたりすることもないので、心理的ダメージはほとんどない。

選択が難しい状況では「後悔しない選択肢」が優先される

モンティ・ホール問題

難しい状況では人は楽な選択をしがちであることをモンティ・ホール問題から明らかにする。

多くの人は「変える」という選択ができない

選択が難しい状況では人は楽な選択をしがちで、他人のアドバイスに依存したり「何もしない」という選択をしたりします。そのことがよくわかるのが、確率論の**モンティ・ホール問題（ジレンマ）**です。

これは人気司会者のモンティ・ホールが進行役を務める米国のクイズ番組で、実際に出題された問題に由来します。スタジオに3つのドアが用意され、ひとつのドアを開けると景品の自動車があり、残り2つのドアはハズレで景品はありません。最初に回答者がドアのひとつを選ぶと、司会者は残りのドアのうちひとつを開け、ハズレであることを示します。

回答者が最初に選んだドアと残されたドアの、どちらかに景品があります。司会者は「ドアを変更してもよい」と告げます。果たして回答者はドアを変更するほうがいいのか、そのままにしておくほうがいいのか。大きな論争になりましたが、多くの人が「変えても変えなくても確率は同じ」と考え（実際は変えたほうが当たる確率が高い）、「変えない」という選択をしました。

Column

現状維持バイアスは「慣性の法則」

日本人はモンティ・ホール問題で、社会人でも学生でも9割近い人たちが、もともとの選択を守り続けました。これは「確率を理解していない」という問題に加え、「現状維持バイアス」がかかっているからと解釈することもできます。現状維持バイアス（傾向・偏り）とは「慣性の法則」のように人には現在の状態を継続しようとする性向があることをいいます（一度、決めたことを変えるには大きなエネルギーが必要です）。

モンティ・ホール問題

STEP1

3つのドアのうちアタリはひとつ。参加者はドアをひとつ選ばなければならない。

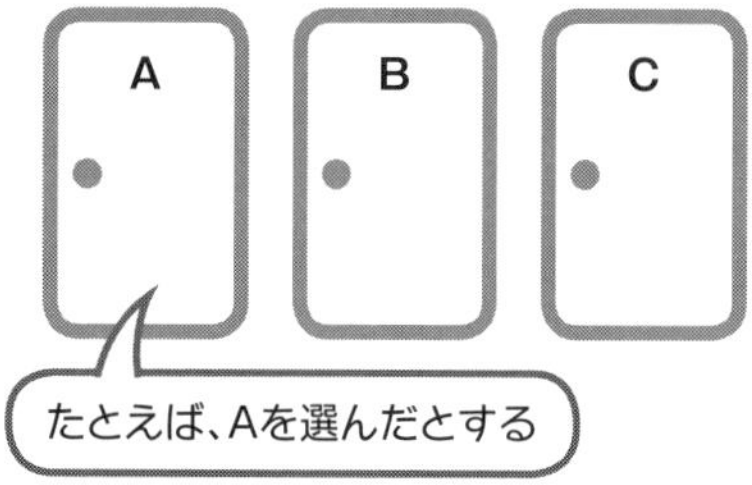

STEP2

どのドアがアタリのドアか知っている司会者は、残り2つのドアのうちハズレのドアを開く。

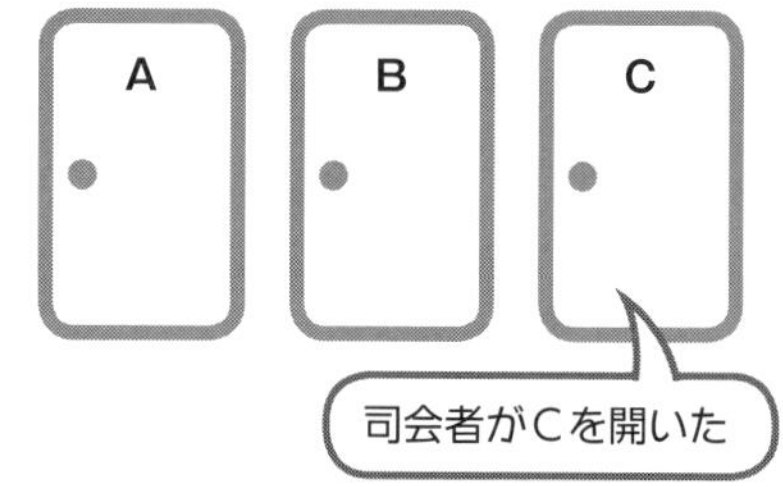

STEP3

司会者は「今ならBに変えても構いませんよ」と伝える。もし、あなたが回答者なら、Bに変えるか、そのままAを選ぶか。

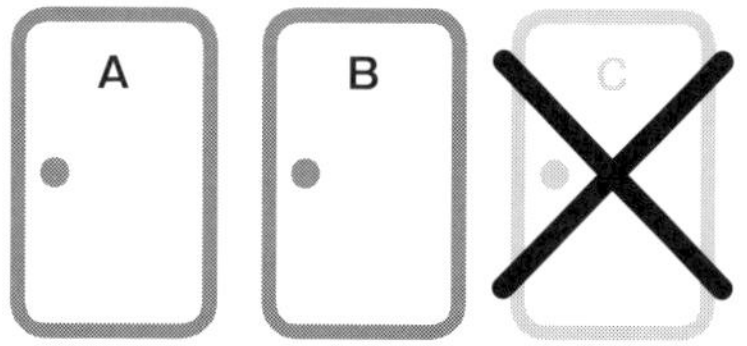

正解 **Bに変える。**
Bに変えれば、そのままAにしておくより、当たる確率が2倍に跳ね上がる。

考え方

最初は3つドアがあるので、当たる確率は3分の1。ハズれる確率は3分の2。

司会者がCを開けた後、そのままAにしておくと、当たる確率は3分の1のまま。

ところが、Bに変えると、3分の2の確率になるので、Aのままにしておくより、当たる確率は2倍になる。

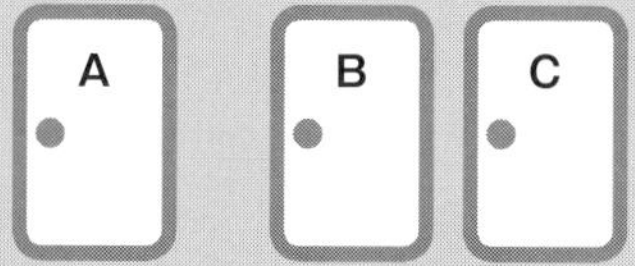

3分の1のまま　3分の2の確率

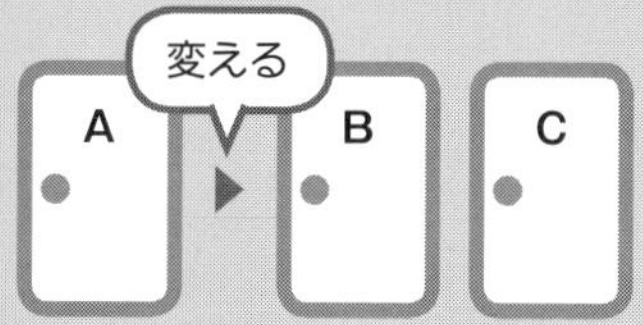

3分の1の確率が3分の2の確率に変わる

確率を考えると、「変える」が正解だが、以下の理由により多くの人は変更しようとしない。

❶ 最終的に選択肢は2つになるので、両方とも2分の1の確率だと思う（確率計算を間違えている）。
❷ 変更してハズレだったときのほうが、何もしなかったときより心理的ダメージが大きい。
❸ 現在の状態を継続しようとする現状維持バイアスがかかっている。

決断したくない心理〈決定回避〉

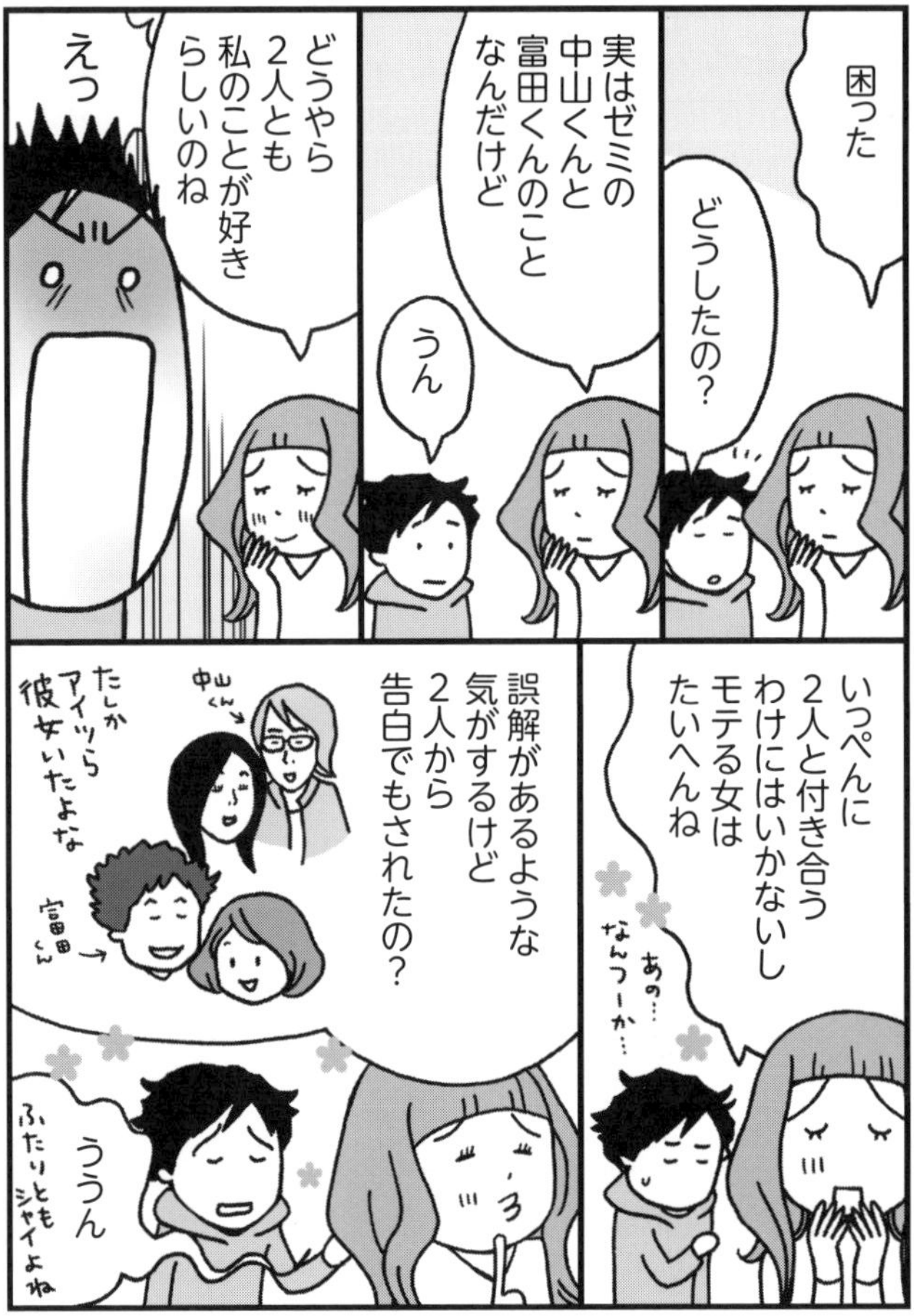

複数の選択肢からひとつを選ぶ作業は負担が大きく、「どれも選ばない」という選択をしやすい。

決断には相当なプレッシャーがかかる

複数の選択肢の中からたったひとつを選ぶ作業は、認知的な負担が大きいことが知られています。決断には相当なプレッシャーがかかり、急いで決定しなければいけない場合を除いて、無意識のうちに**複数の選択肢のうち、どれも選ばない**という選択をしやすいのです。

こうした心理的な傾向のことを**決定回避**と呼び、認知的節約による不合理行動のひとつと考えられます。

決定回避のおもしろい点は、選択

肢が増えると起こりやすいことです。3つの選択肢から商品を選ぶことはできても、それが10になると選べなくなってしまいます。品揃えの豊富なお店では「店長のオススメ」「人気商品」などと提示することで、決定回避を避ける必要があります。

Column

大事なことは占い師に決めてもらう？

一国の大統領が、国策を決断する際に占い師に相談するという噂もあるくらい、決定は心理的負荷が大きいといえます。自分では決められないから利害関係のない他人に決めてもらうわけですが、後悔したり自己否定的になったりしたくないからかもしれません。これも「後悔回避」による不合理行動のひとつです。

すっぱいブドウの論理

都合のいい情報だけを受け取る〈認知的不協和〉

人には無意識のうちに自分に都合のよい情報を受け取り、都合の悪い情報は無視する傾向がある。

マイナス情報を無意識に避ける

認知的不協和は心理学者の**フェスティンガー**が提唱した現象で、**無意識のうちに自分に都合のよい情報や楽観的な情報だけを受け取り、自分に都合の悪い情報や悲観的な情報は無視してしまう傾向**を指しています。

たとえば、お酒が好きな人は「飲みすぎは体によくない」「酔って人に迷惑をかけることがある」というマイナス情報は無意識のうちに拒絶し、逆に「酒は百薬の長」「ほどほどの飲酒なら健康にもよい」といったプラス情報にのみ興味を示します。人には不愉快な気分を味わわないように、マイナス情報を無意識に避ける傾向が備わっているのです。

認知的不協和の典型的な例として、イソップ寓話の『キツネとブドウ』の話があります。高いところにあるブドウに届かず、食べることができなかったキツネが「あのブドウは、すっぱいに違いない」と自分を納得させる話です。ブドウを食べたいのに食べられないという「不快」に対し、それを「すっぱい」と思い込むことで、不協和を調整したわけです。

Column

認知的不協和をマーケティングに活用

認知的不協和はマーケティングにも利用されています。消費者やエンドユーザーは商品を購入した後、その商品に対する悪い評判には耳を貸さず、よい評判や「買ってよかった」といった声に耳を傾けます。その傾向を利用して、DM や電子メールで顧客の声を伝えたり、広告や CM で競合商品より優れている点を訴えたりしてリピーター化を図るわけです。

キツネとブドウの教訓

ブドウを食べたいけれど
ブドウに届かず食べられない

↓

認知的不協和

↓

すっぱいブドウだと思い込む
ことで自分を納得させる

この寓話には2つの教訓があります。ひとつは「すっぱいブドウ」と思い込むことで、あきらめをつけて気分を一新したこと。ビジネスや日常生活、人間関係においても、いつまでも失敗を引きずらず、不快な感情を素早く捨てることが大事です

そして、もうひとつは自分でコントロールできないことを、あれこれと考えてもしかたがないということ。コントロールできないものに時間を割くよりは、さっさと見切りをつけて次の仕事や業務を始めようという考え方です

無意識のうちに問題を簡略化〈編集〉

考慮すべき要素や条件が多いと、要素・条件を大幅にカットして問題を簡単にしようとする。

私たちが直面する問題は選択問題が多い

私たちが生活やビジネスで直面する問題は、いろいろな選択肢の中からひとつの望ましいものを決める選択問題であることが多いといえます。たとえば賃貸物件を選ぶとき、家賃や間取りに始まり、設備、最寄りの交通機関、駅からの距離、通勤・通学時間、病院・スーパー・学校・保育園などが近くにあるかなど、さまざまな要素・条件を総合的に判断して結論を出します。

ただ、考慮すべき要素や条件が多いと、結論を出すためには相当な労力と時間が必要です。「家賃はOKだけど、駅から遠い」「交通の便はいいけど、近くに保育園がない」「間取りは理想的だけど、建物が古い」など、すべての条件にかなう物件は、なかなか見つかりません。

こうした、ややこしい問題に対処するため、私たちの**脳は無意識のうちに、それらの条件・要素を大幅にカットして、問題を簡単にしようとします。**ノーベル経済学賞を受賞した**カーネマン**と共同研究者の心理学者**トベルスキー**は、要素を簡略化するプロセスを**編集**と呼びました。

Column

要素を簡略化するための「編集」も合理的ではない

要素を簡略化する「編集」は、具体的には無意識のうちに2、3の重要な要素や条件だけに注目し、それらを比較することで結論を導き出そうとするものです。要素や条件が多すぎて頭が混乱し、なかなか結論を出せないときなどに行われますが、そこで選択されるものは必ずしも合理的だとはいえません（左ページ参照）。

賃貸物件選びで要素を簡略化　カーネマンとトベルスキーの〈編集〉

カーネマンとトベルスキーの「編集」は要素や条件をどんどん切り捨てていき、2、3の要素だけに注目して選択肢の優劣をつけるもの。しかも、選択方法は二者択一方式です。一種の勝ち残り戦で、たとえば、選択肢が3つあった場合、まずAとBを比較し、どちらかを残し、残ったものとCを比較して最終的な結論を出します。
賃貸物件選びを例に説明しましょう。

STEP1　まず物件Aと物件Bを比較する。

条件は家賃と収納スペース、交通の便にしぼられている

	家賃	収納スペース	交通の便
物件A	○	△	○
物件B	△	○	○

家賃が安かったので、物件Aが残った

STEP2　次に勝ち残った物件Aと物件Cを比較する。

	家賃	収納スペース	交通の便
物件A	○	△	○
物件C	○	○	△

収納スペースを比べると物件Cのほうが広かったので、結局、Cに決まった

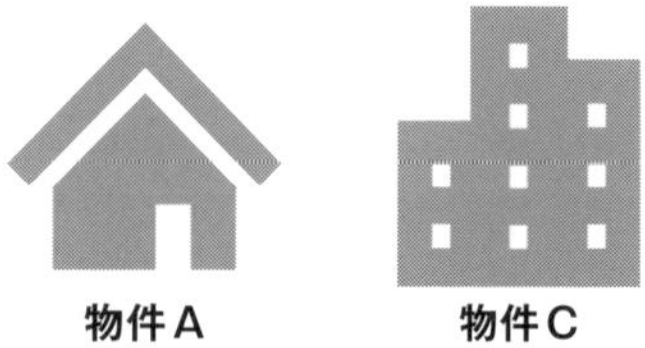

結果

結果として物件Cが選ばれたが、最初に物件Bと物件Cを比較していたら、別の結論が出たかもしれず、編集することであまりにも簡略化しすぎると、特定の要素だけがクローズアップされ、総合的な判断ができなくなる。
また、二者択一の勝ち残り方式で進めたため、本当に物件Cが条件に一番マッチしていたのかどうか、はっきりした結論は出ない。

第2章

お金がたまらないのはなぜか

～本能的な評価による不合理行動

ムダ遣いしているわけでもないのに、なぜかお金がたまらない…そういう人も多いことでしょう。私たちは置かれている状況によって、損得の感覚が大きく変化します。普段なら大きい金額も、より大きな金額と比較すると小さく感じるし、損をするとわかっていてより大きな賭けに出てしまったり、情報次第で理性的な判断ができなくなったりします。このような「感覚」に振り回されてしまう原因を探ってみましょう。

ボーナスに不満を感じる理由〈参照基準点〉

ものごとを相対比較して評価する際の尺度となるものを、「参照基準点」と呼ぶ。

同じ30万円が多くも少なくも感じられる

人は、AかBかという選択肢があるとき、どのように評価してひとつを選ぶのでしょうか。あるいは、30万円という金額を受け取ったとして、その額について多いと感じることもあれば、少ないと感じることもありますが、それはなぜでしょうか。

前出の**カーネマン**と**トベルスキー**は、事物の評価の際に「人は無意識のうちに**相対評価**をしている」としました。また、評価の基準となる尺度を持っているということです。

たとえば、今年のボーナスが25万円だとしましょう。昨年のボーナスが30万円でこれが評価の基準になっている人は25万円を少ないと感じるでしょう。しかし、お隣さんのボーナスが20万円だと聞いて、20万円が基準になっている人は25万円を多いと感じます。このように、評価の際に参照する基準を**参照基準点**といいます。

人の行動を理解する際に、心の中にある参照基準点の位置を意識することはとても重要です。提案が参照基準点より高いか低いかで、相手の受け止め方やリアクションが180度変わってしまうからです。

また、参照基準点は簡単に変わってしまいます。提案に対して意見がコロコロ変わる人は参照基準点が変わりやすいのかもしれません。

損か得か主観的に評価する〈価値関数〉

参照基準点を超えればうれしく（得を感じ）、下回れば悲しく思う（損を感じる）。

主観的な評価を〈価値〉と呼ぶ

前項で、仮に昨年のボーナスの額が30万円だったとして、その30万円に対し、今年のボーナスはどうか…という評価の基準となる**参照基準点**について解説しましたが、もう少し掘り下げてみましょう。今年のボーナスは昨年のボーナスをもとに評価されるとしたら、ボーナスが30万円ならうれしくも悲しくもなく、30万円を超えていれば、うれしい＝**得**（gain）、30万円を下回っていれば悲しい＝**損**（lost）と感じるでしょう。

この「得」と「損」を、ボーナスを受け取る人がどのように感じるかを表したのが左ページ上のグラフです。**カーネマン**と**トベルスキー**はこのような主観的な評価を**価値**と呼びました。グラフは**価値関数**を示したもので、30万円を原点に置き、横軸には今年のボーナスの額、縦軸にはその金額に対する主観的な評価（価値）をとりました。当然、30万円を上回ればうれしく感じるので、グラフは原点から右上に伸びていきます。反対に、30万円を下回れば、悲しく感じるので、グラフは原点から左下に伸びていきます。

Column 効用関数には参照基準点はない

伝統的な経済学では満足の大きさを「効用」と呼びます。価値関数と比較するために、効用関数のグラフも左ページ下図に示しました。効用関数には参照基準点はなく、ボーナスが多くなればなるほど満足度は高くなります。ただ、ボーナスが増えるにつれ、満足度の上がり方は、ゆるやかになります。ちなみに、効用関数ではボーナスが少ないことに不満や怒りを感じる理由を説明できません。

価値関数のグラフと効用関数のグラフ

価値関数 ボーナス30万円が参照基準点の場合

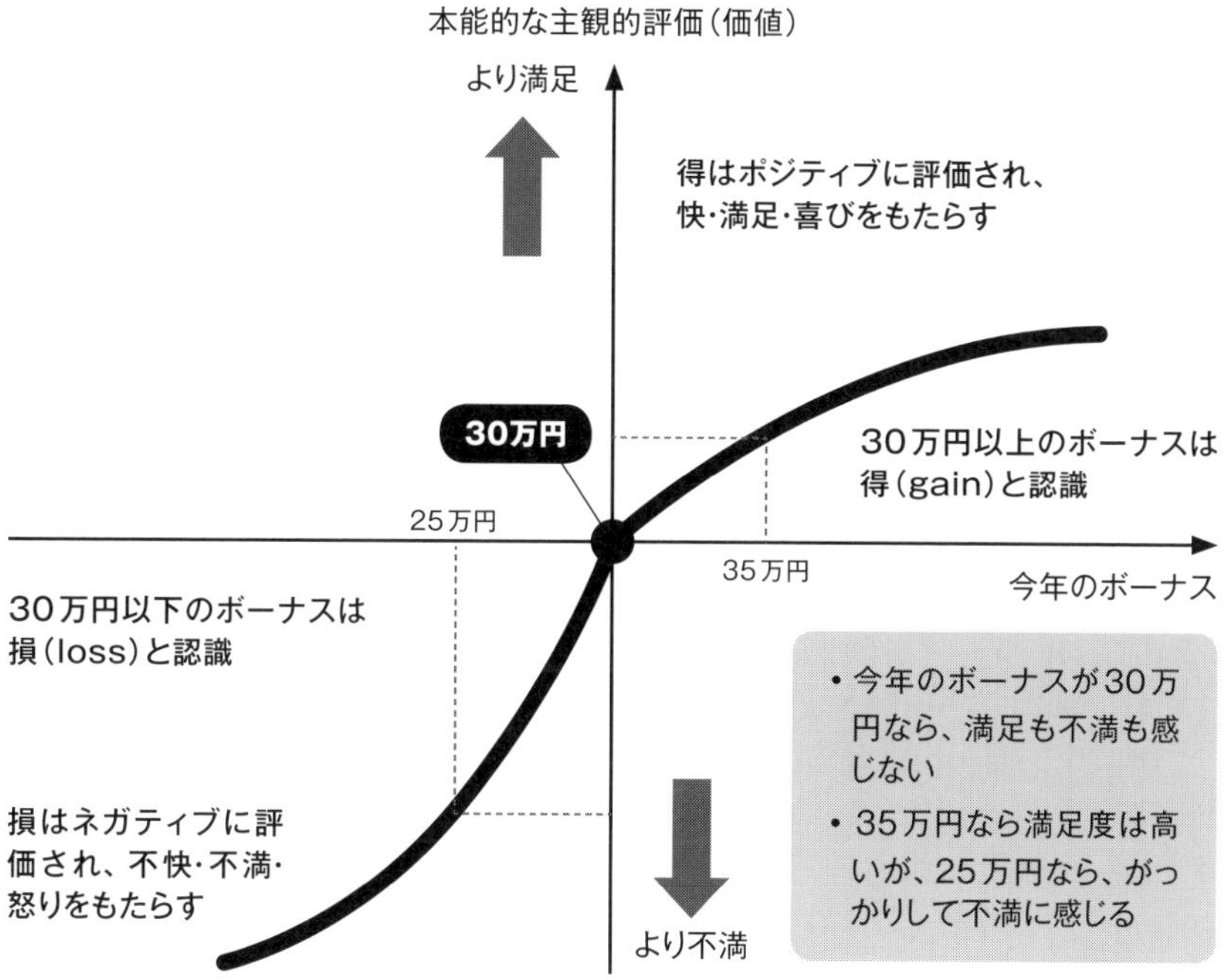
本能的な主観的評価（価値）
より満足
得はポジティブに評価され、
快・満足・喜びをもたらす
30万円
30万円以上のボーナスは
得（gain）と認識
25万円
35万円
今年のボーナス
30万円以下のボーナスは
損（loss）と認識
損はネガティブに評
価され、不快・不満・
怒りをもたらす
より不満
・今年のボーナスが30万円なら、満足も不満も感じない
・35万円なら満足度は高いが、25万円なら、がっかりして不満に感じる

効用関数

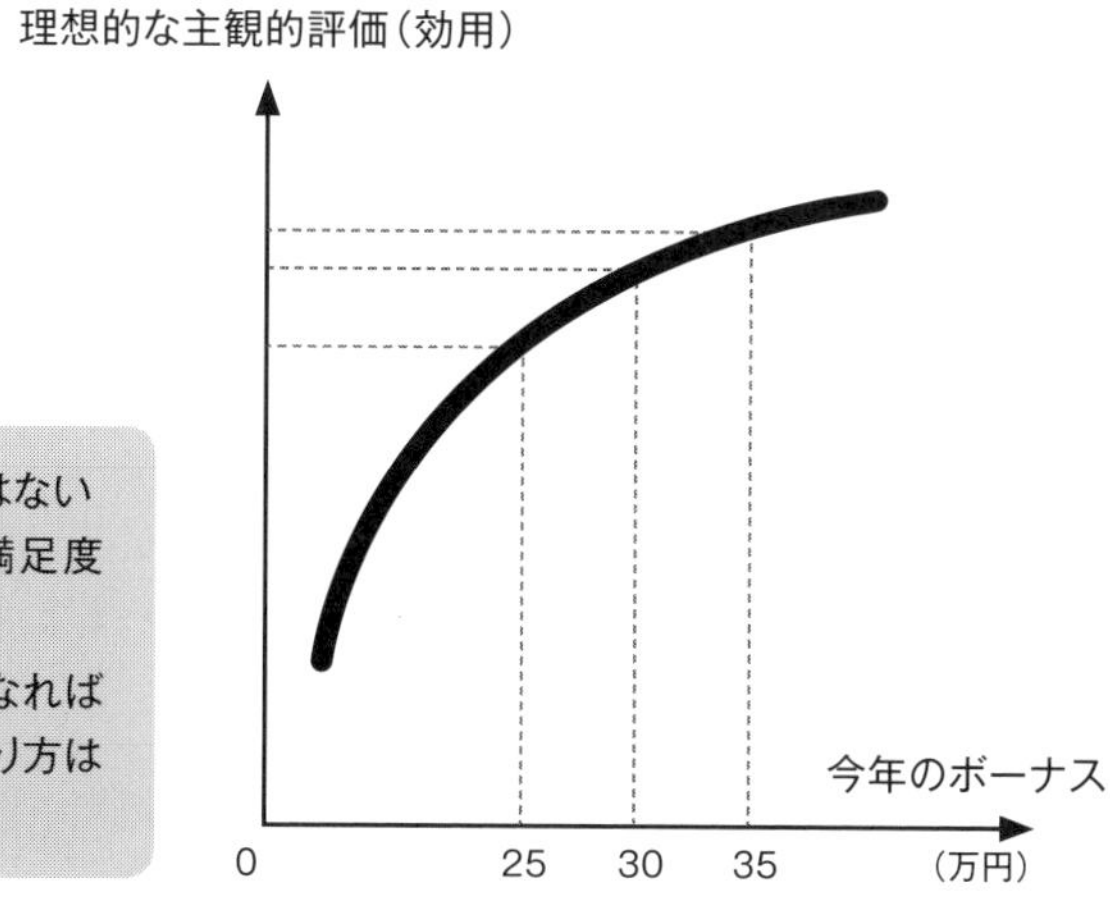
理想的な主観的評価（効用）
今年のボーナス
0
25
30
35
（万円）

- 効用関数の参照基準点はない
- ボーナスが多ければ、満足度は高い
- ただし、ボーナスが多くなればなるほど、満足度の上がり方はゆるやかになる

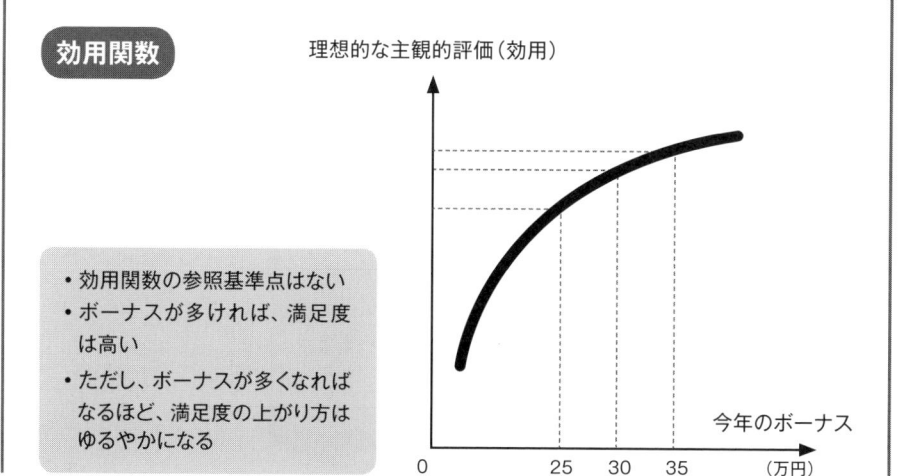

自動車購入時にカーナビも買ってしまう理由

単体なら手を出しにくいオプション品を簡単に買ってしまう理由は、感覚がマヒするから。

得や損が大きくなれば、負担を感じにくくなる

効用関数は常に上に張り出している（P49）のに対し、**価値関数**は上下に伸びて、全体としてS字型に近くなっています。ボーナスの参照基準点が30万円だったとして、35万円もらえればうれしいと感じます。40万円になれば、もっとうれしい。右肩上がりで満足度は上昇します。

ところが、参照基準点から離れれば離れるほど、グラフの傾きは水平（フラット）に近くなります。100万円もらえても、105万円もらえても、うれしい度合いは、さほど変わりません。

S字型カーブの特徴は**参照基準点から離れれば離れるほど、グラフの傾きが水平に近くなる**ことです。これは数字（得や損）が大きくなればなるほど、感覚がマヒするからだと考えられています。このことから、自動車を購入する際、一緒にカーナビも購入する人が多い理由が明らかになります。100万円以上する自動車を購入した人にとって、カーナビの10万円程度の追加出費は、たいした負担増とは感じられません。

Column 数百万円の商品なら10万円の出費は問題視していない

カー用品店が10万円のカーナビ単体を売るのは楽ではありません。10万円の品物は消費者にとってけっこう高額な商品だからです。ところが、自動車を買った人にカーナビをオプションとして購入してもらうのは、それほどたいへんではありません。数百万円の買い物をした場合、10万円は大きな出費と感じられないからです。

価値関数は、ゆるやかなS字型カーブ

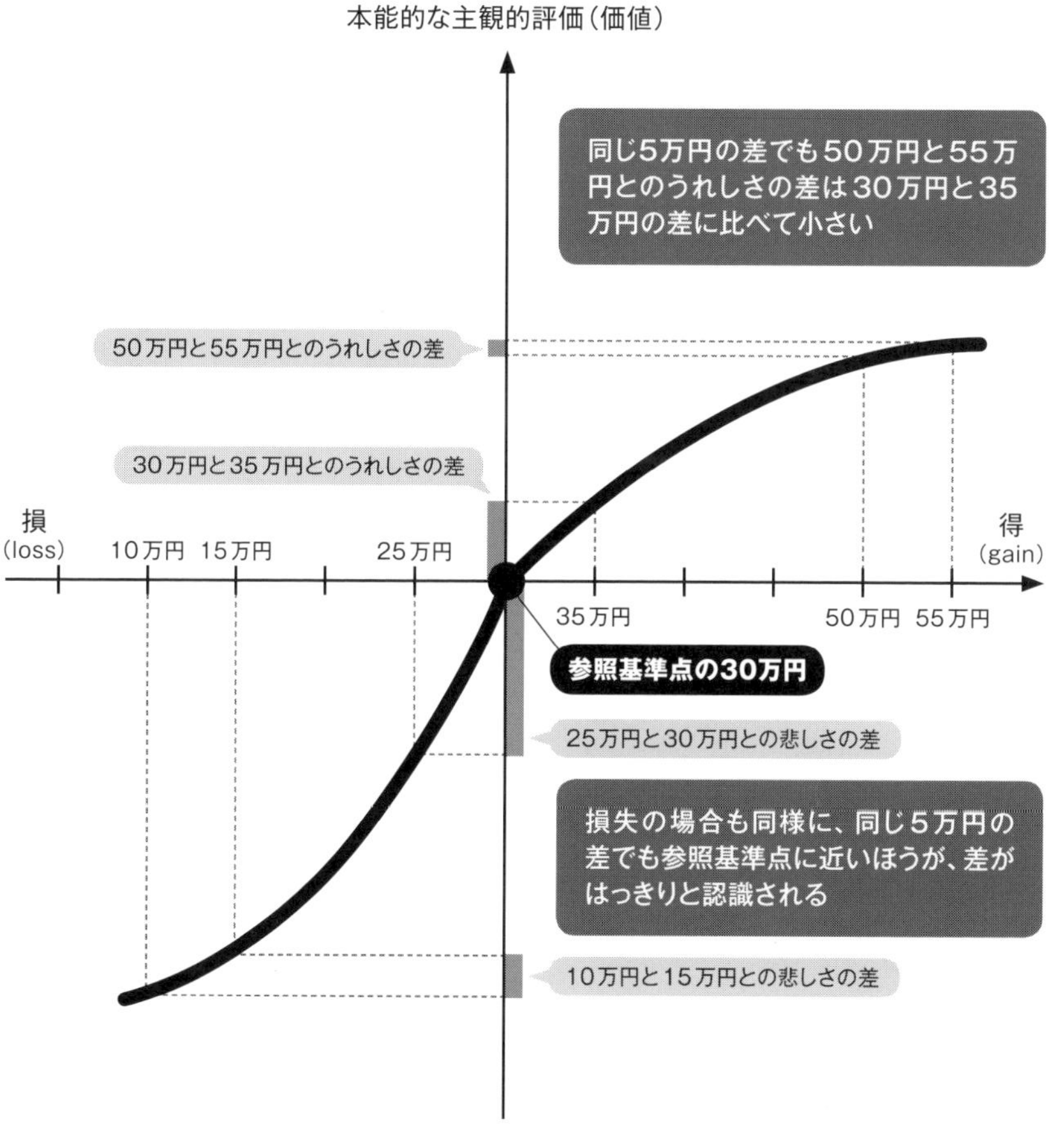
本能的な主観的評価（価値）
同じ5万円の差でも50万円と55万円とのうれしさの差は30万円と35万円の差に比べて小さい
50万円と55万円とのうれしさの差
30万円と35万円とのうれしさの差
損
(loss)
10万円
15万円
25万円
得
(gain)
35万円
50万円
55万円
参照基準点の30万円
25万円と30万円との悲しさの差
損失の場合も同様に、同じ５万円の差でも参照基準点に近いほうが、差がはっきりと認識される
10万円と15万円との悲しさの差

損をすると、イチかバチかの勝負に出てしまう

リスクをとってしまうのはなぜか〈感覚マヒ〉

あるアンケートで、「確実に2万円もらえる」と「確率50％で4万円もらえる」のどちらかを選べ、といわれたところ、大半の人がリスクのない「確実に2万円もらえる」を選んだ。

- 確実に2万円もらえる ▶▶▶ ○
- 確率50％で4万円もらえる ▶▶▶ ×

ところが、「確実に2万円失う」と「確率50％で4万円失う」の選択になると、逆に大半の人が「確率50％で4万円失う」を選択した。

- 確実に2万円失う ▶▶▶ ×
- 確率50％で4万円失う ▶▶▶ ○

普段は慎重な人でも、いったん損をするとリスクの高いことにも挑んでしまう。

損をすると、リスクを冒しやすくなる

感覚のマヒによってもたらされる大きな問題は、損をすると**リスク**を冒しやすくなることです。損をすると、さらに損をするのが怖くなってリスクから遠ざかろうとすると思われがちですが、実際は、そうではありません。ギャンブルでも、負けがこむと損を取り戻そうとして大勝負に挑み、結局敗れてすっからかんになってしまうケースが見られます。

経済学では、**リスクとは結果が不確実であること**を意味します。人は

損をするとリスクをとりやすくなる

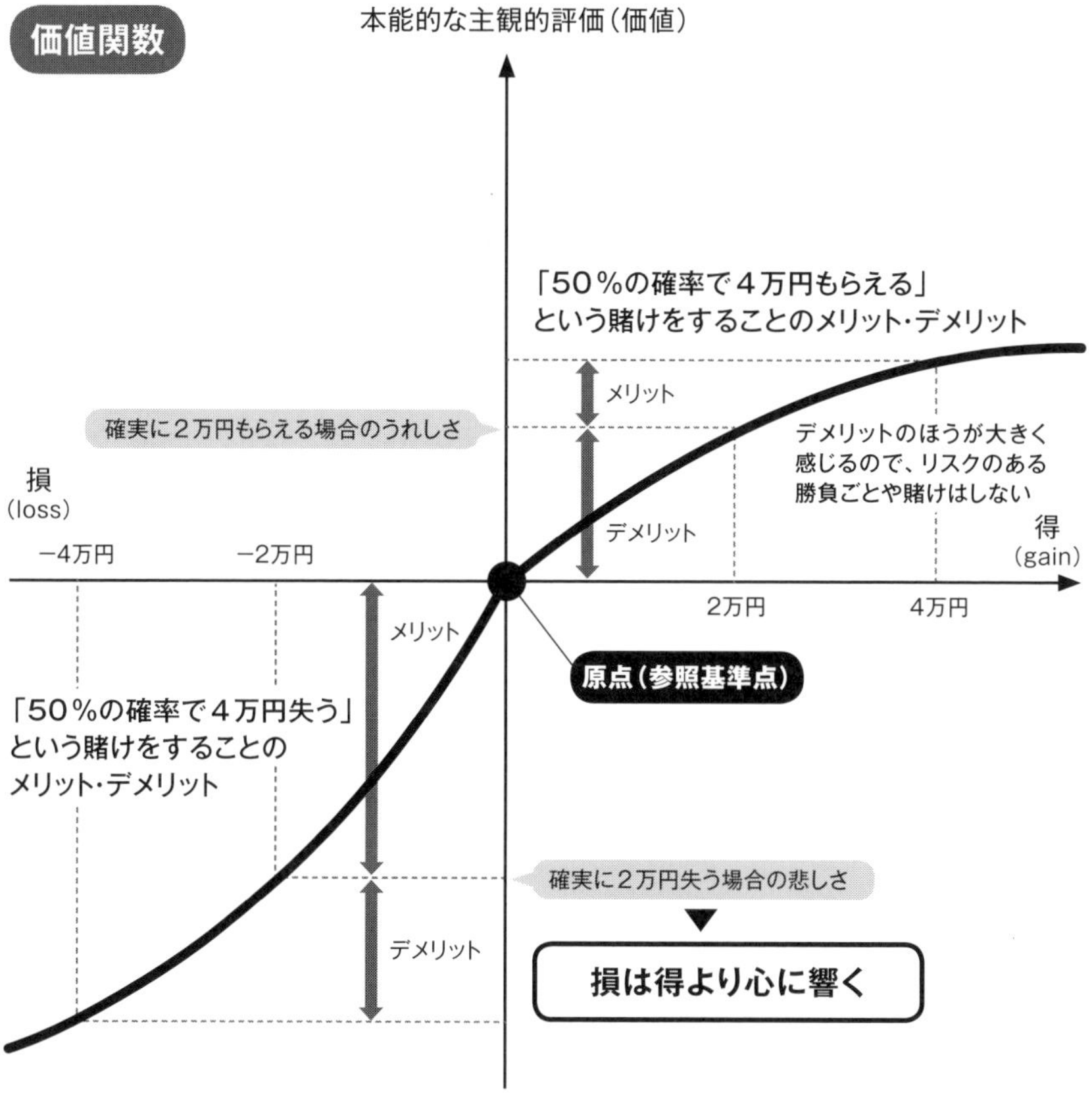

価値関数
本能的な主観的評価（価値）
「50％の確率で４万円もらえる」
という賭けをすることのメリット・デメリット
メリット
確実に２万円もらえる場合のうれしさ
デメリット
デメリットのほうが大きく
感じるので、リスクのある
勝負ごとや賭けはしない
損
(loss)
得
(gain)
−4万円
−2万円
2万円
4万円
メリット
原点（参照基準点）
「50％の確率で４万円失う」
という賭けをすることの
メリット・デメリット
確実に２万円失う場合の悲しさ
デメリット
損は得より心に響く

基本的にリスクが嫌いなので、冷静なときはリスクが高いことに手を出しません。ところが、損をした後や、損をしそうな状況になると、かえってリスクが高いことに手を出してしまい、ギャンブルで大勝負に挑んだり、ウマイ話があると、詐欺師らにつけ込まれたりすることになります。

右ページのアンケート結果にも示されたように、得（gain）として捉えられる選択（確実に2万円を得られる）ではリスク回避的な選択をし、損（loss）として捉えられる選択（50％の確率で4万円を失う）ではリスクをとる選択をしてしまうのです。このように、得か損かでリスクに対する態度が180度変わる現象は、**鏡像効果**（mirror effect）とも呼ばれます。

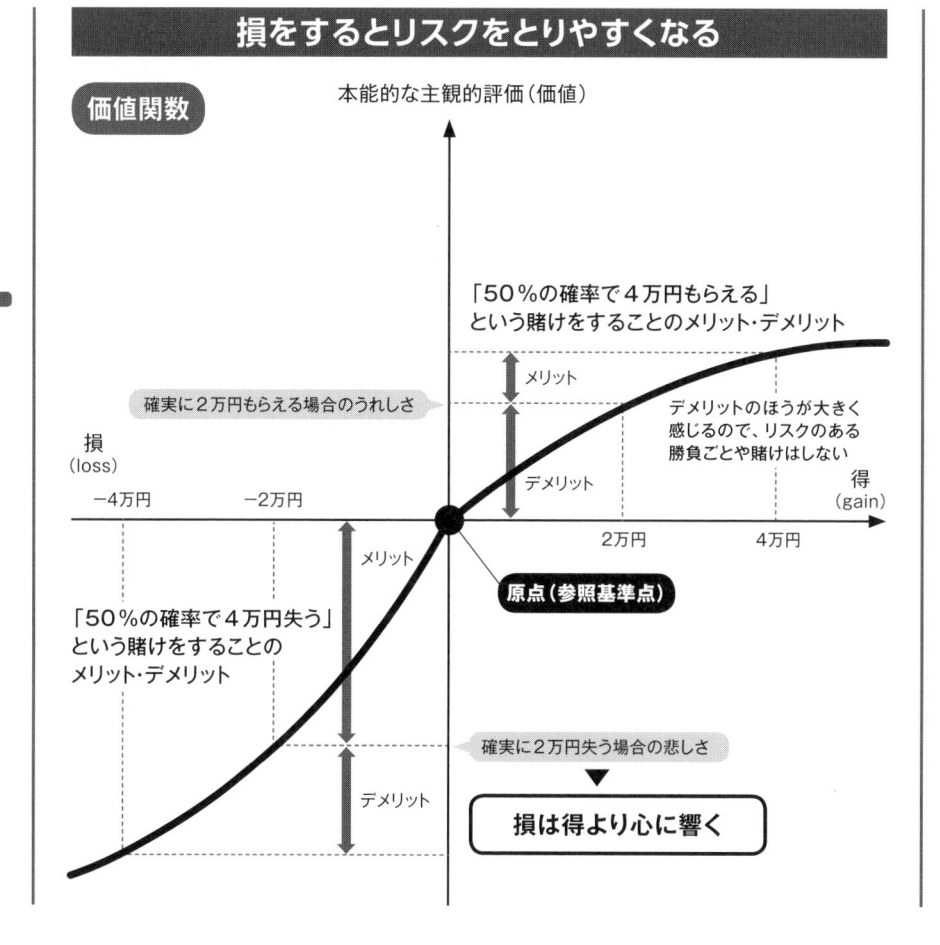

得る喜びより失う悲しみが大きい

得をするより損をしたくない〈損失回避〉

たいていの人は、損をするくらいだったら、何もしないほうがマシだと考える。

マイナスの側面では急激に下降

人は得をするより、損をしたくないという気持ちが強いものです。これを**カーネマン**と**トベルスキー**は**損失回避の感情**と呼びました。価値関数のグラフをよく見ると、原点（参照基準点）のところで大きく屈折していることがわかります。プラスの側面（グラフの右側）では比較的なだらかに上昇していくのに対し、マイナスの側面（グラフの左側）では急激に下降します。

つまり、得（プラス）と損（マイナス）を比べると、得をした喜びより、損をした悲しみのほうが大きいことを表しています。2万円得られた喜びより、2万円失った悲しみのほうが、はるかに大きいのです。

そのため**「損をするくらいなら（得をする可能性が同じくらいあっても）、何もしないでおこう」と考えます。**この感情は人が無軌道に散財したり、ギャンブルにはまったりすることを防ぐ**心の逆止弁**の働きをする一方で、**現状維持バイアス**（P56）や**保有効果**（P58）の原因にもなり、「変更したほうがやや得」であっても、損が怖くて変更できないという状況を引き起こします。

Column

よほど大きなプラス面がない限り マイナスを恐れて 変更することができない

損失回避の傾向があるので、人は変更によるマイナス面を大きく上回るプラス要素を持つ選択でない限り、現状の選択を変えようとしません。これは、多少評価が誤っていても変更によって状況が悪化する危険が少ない安全重視の選択本能といえるのです。

得をした喜びより、損をした悲しみのほうが大きい

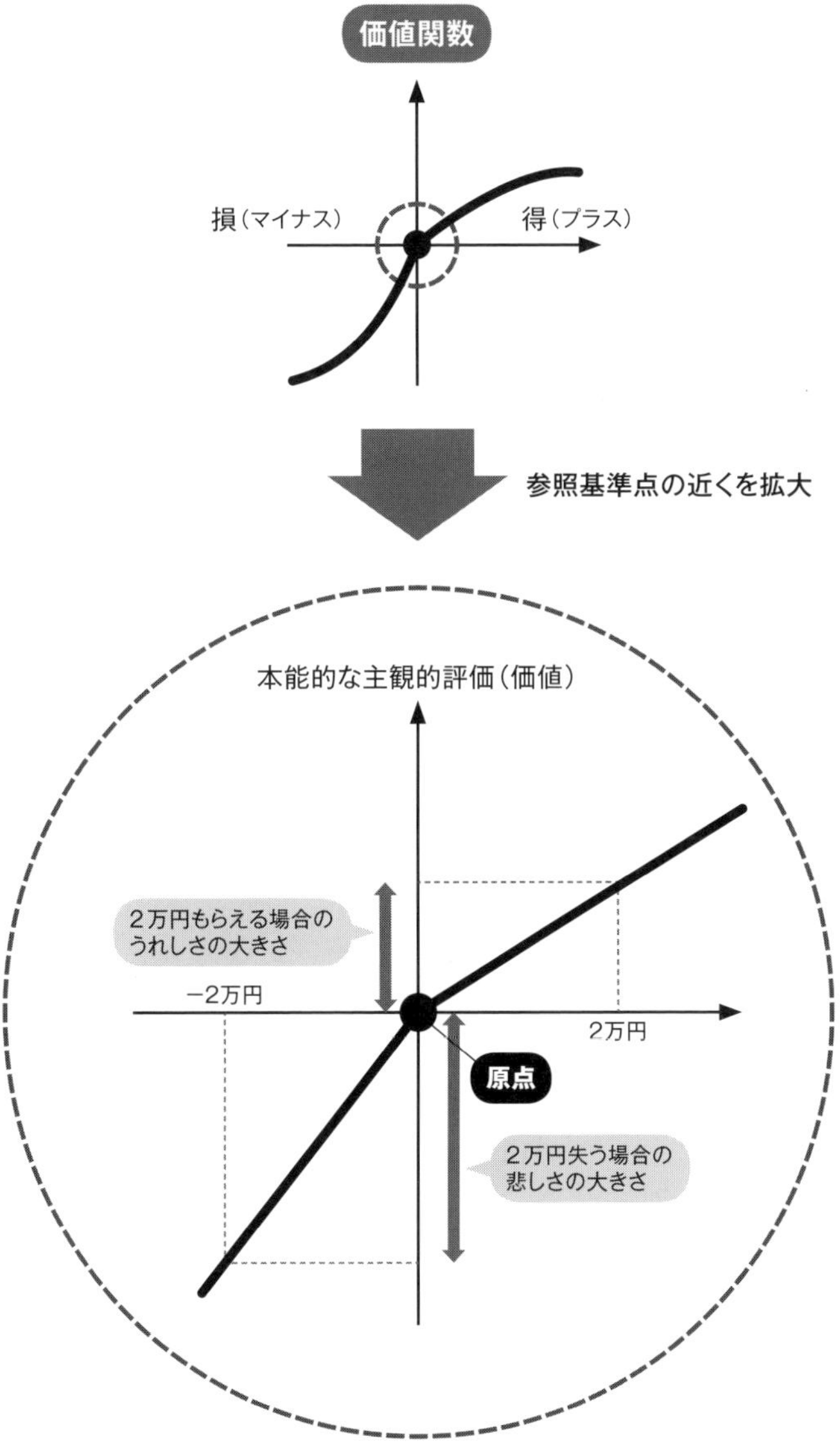
価値関数
損（マイナス）
得（プラス）
参照基準点の近くを拡大
本能的な主観的評価（価値）
2万円もらえる場合の
うれしさの大きさ
－2万円
2万円
原点
2万円失う場合の
悲しさの大きさ

グラフが原点（参照基準点）のところで屈折し、プラスの側面ではグラフが横方向へ伸びていくのに対し、マイナスの側面では急激に下方向へ伸びていく。これは、同じ額でも得と損の場合では「損の悲しみのほうが大きい」ことを示している。

変化したくない気持ちを優先〈現状維持バイアス〉

友人のことで相談が…
A社にスカウトされたんですが転職する踏ん切りがつかないみたいで
居酒屋
何かいいアドバイスはないでしょうか
A社の業績は？
新規事業が成功してしばらくは好決算が続くと思います
待遇面はどうなの？
待遇もいいみたいで転勤もないようだしハタから見ると転職しないのが不思議なくらいですよ
変化したくない現状のままでいたいと思っているんだよ

「現状を維持する」という選択肢が入っていると、たとえ不合理でもそれが選ばれやすくなる。

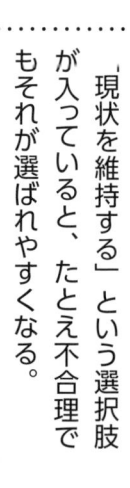

変化による悲しみがクローズアップされる

損失回避（P54）の感情は、不合理行動を引き起こす原因ともなります。そのひとつは決断をせまられた際、現状を維持する選択肢があると、変化によってよくなる喜びより変化によって悪くなる悲しみのほうがクローズアップされ、結果的に現状を維持することになりがちだということです。この気持ちを**現状維持バイアス**といいます。

悪くなることへの恐れは非常に強く、希望の職種で給料もよくなるの

に転職に踏み切れない人や、将来有望な事業なのに新規参入できない経営者らの判断などが**客観的に見て不合理な行動だとしても、「現状を変えたくない」「変化したくない」という気持ちが優先される**のです。

Column

いろいろな条件を客観的に評価

現状維持がダメだということではありません。転職に踏み切ってもあらゆる面がよくなるわけではなく、「給与はアップするが、通勤時間は倍以上かかる」「希望の職種だが、収入は減る」など、メリット・デメリットがあります。現状を維持することは楽ですが、決断をせまられた際には、いろいろな条件を客観的に評価し、結論を導くようにしましょう。

必要がないのに手放せないという不合理

モノが捨てられない〈保有効果〉

いったん、持っている状態が普通になると、失うのが悲しくなって手放せなくなる。

売り手の評価額は割高になる

損失回避（P54）の感情がもたらす不合理行動のひとつに**保有効果**があります。**いったんモノを所有したら、どうしても必要なモノではなくても、モノを手放そうとしなくなる**のです。たとえば、左ページのマグカップの実験で、売り手と買い手のつけた値段が大きく違った原因は、売り手の評価額が割高になっているためと考えられます。

必要でなくても、いったんマグカップを手に入れると売り手にとってはマグカップを持っている状態が参照基準点（P47）となり、それを手放すことを考えると悲しい気持ちになります。つまり売り手たちは**マグカップを失うことの心理的ダメージを埋め合わせるために、割高な価格をつけた**のです。

一方、買い手たちも売買が成立すれば手持ちのお金が失われることになります。お金を失う悲しみが大きいため、高い価格をつけようとしないのです。双方が一度手に入れたものを手放したくないから、マグカップに割高な価格をつけたり、割安な価格を書いたりしていたわけです。

Column

損失回避の感情が取引を妨げる

従来の経済学の考え方によると、左ページの実験では25組のうち半数の12組は売買が成立すると予想されましたが、損失回避の感情があるため、実際は4組程度しか取引は行われませんでした。損失回避という心理は現状を維持したり、ガラクタをいつまでも持ち続けたりする行動の要因となります。

保有効果を確かめる実験

❶ 大学生50人を集める
❷ 半数の学生にマグカップを与える
❸ そのマグカップは売ることもできるし、そのまま家に持ち帰ることもできる
❹ マグカップを与えられた学生を売り手、マグカップを与えられなかった学生を買い手とし、マグカップの売買を開始する
❺ 買い手はマグカップを手にとって、じっくりと品定めできる
❻ 売り手には売ってもいい価格、買い手には払ってもいい価格を書いてもらい、入札する
❼ 入札の内容は次のようになった

マグカップ…

入札履歴

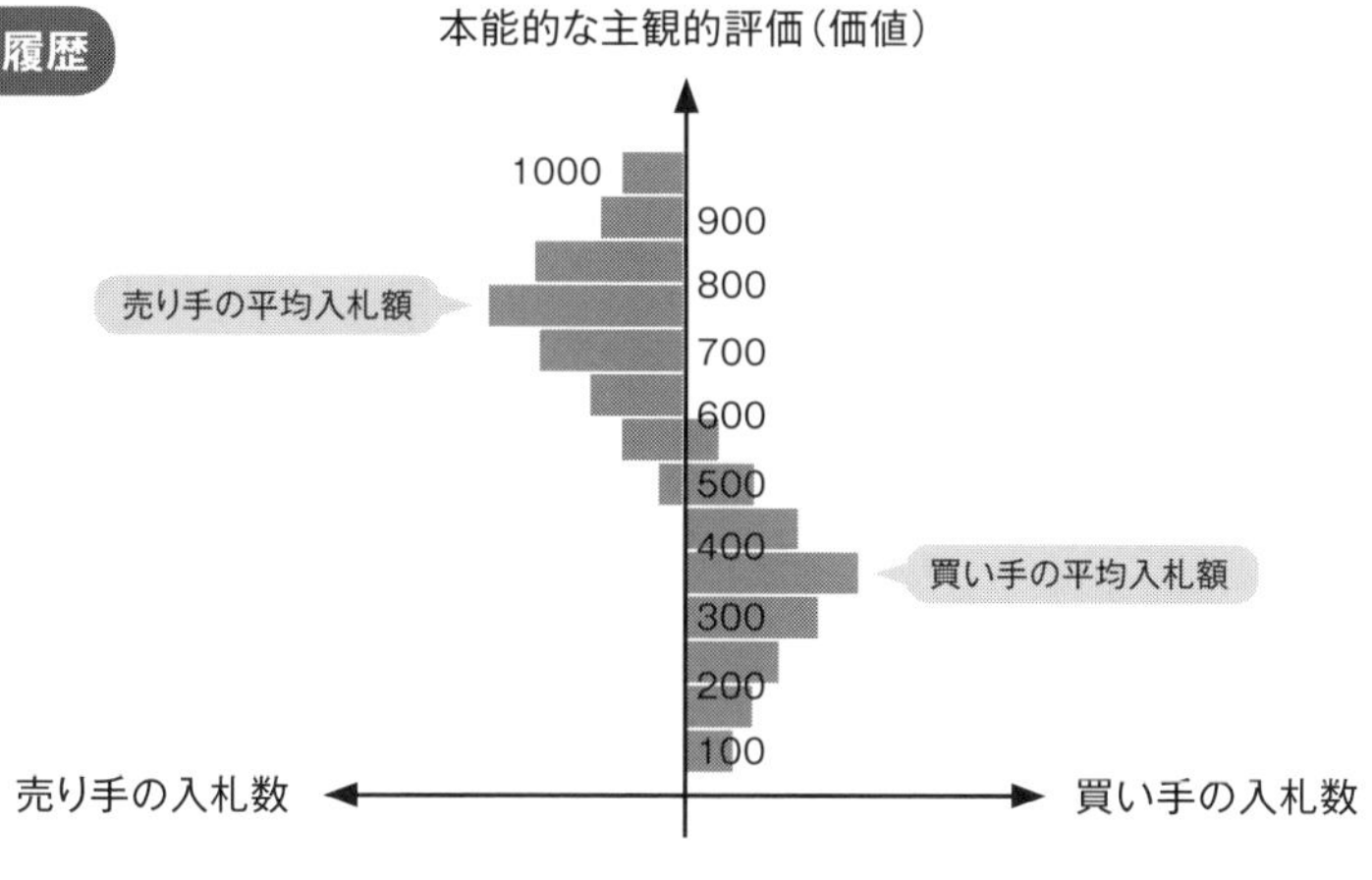
本能的な主観的評価（価値）
1000
900
800
700
600
500
400
300
200
100
売り手の平均入札額
買い手の平均入札額
売り手の入札数
買い手の入札数

解説

売り手はできるだけ高く売りたいが、あまり高い価格をつけると買い手がつかないので、自分の評価額より少し上の価格をつけ、買い手はできるだけ安く買いたいが、あまり安い価格をつけると売ってもらえないので、自分の評価額より少し下の価格をつけるというふうに行動するとみられ、評価額が500 円だとすれば、売り手は510 円くらい、買い手は490 円くらいに落ちつくと予測された。

ところが、結果は「売ってもいい価格」の平均は600円前後、「買ってもいい価格」の平均は300円程度で、大きな差ができた。

表現のしかたが変われば受け止め方も変わる

他人の感情を操作する〈フレーミング効果〉

フレーミング効果の仮想実験

今日は皆さんで、下のような問題をやってみましょう。カーネマンとトベルスキーが考案した仮想実験で、いろいろなところで実施されています。まず問Aを解いてみてください

感染症に汚染された町で、あなたなら、
どう行動する？
次の問に答えてください。

問A

あなたの住んでいる町は深刻な感染症に脅かされています。対策は次の2つしかないとすると、あなたはどちらを選びますか。

- □ **対策1**　確実に町の半分の住民が助かる
- □ **対策2**　50％の確率で全町民が助かるが、50％の確率でひとりも助からない

▼

1分くらい時間を置いて、次の問題にも答えてください。

他人の感情を理解するだけでなく、印象を変えることで感情を操作することも可能に。

参照基準点は簡単に変化する

まず、上の問題を見てください。問Aと問Bを比較すると、2つの選択肢は同じことを意味していることがわかります。ところが、問Aで対策1を選んだ人が問Bでは対策2を選んでいます。これは明らかに矛盾していますが、同じことを表していても表現のしかた（フレーム）が変われば、受け止め方や感じ方が180度変わることがあります。これを**フレーミング効果**と呼びます。表現が変化したことで、回答者の

問B

あなたの住んでいる町は深刻な感染症に脅かされています。対策は次の2つしかないとすると、あなたは、どちらを選びますか。

- **対策1**　確実に町の半分の住民が犠牲になる
- **対策2**　50％の確率で全町民が犠牲になるが、死者がゼロになる可能性も50％ある

この仮想実験は、いろいろなところで行われていますが、問Aでは対策1を選ぶ人が多く、問2では対策2を選ぶ人が多いという結果が出ています
あれ、でも問Aと問Bって、結局は同じことをいってませんか?
いいところに気がつきましたね。そう、表現を変えただけなんです。ところが、問Aと問Bとでは違う結果になった。どうしてなのか考えてみましょう

参照基準点も変化しました。問Aでは「助かる」という言葉が使われていたので、回答者は自然に「誰も助からない状況」を想定し、それに比べればひとりでも助かるなら、望ましいこと（得）だと認識したのです。

Column

損がかかわると積極的にリスクをとる

問Bでは「犠牲になる」という言葉が使われたので、回答者は無意識のうちに「誰も犠牲にならない状況」を参照基準点として設定しました。犠牲者が出ることは悲しいこと（損）なので、損がかかわる問題では積極的にリスクをとろうとしますから、対策2を選択したのです。

この実験から、相手に気づかれずに参照基準点を変えることが可能であることがわかります。

参照基準点を動かして相手の感情を変える

相手がどこに参照基準点を置いているかを知れば、対応のしかたがわかる。

ボーナスカットを納得させる方法

前項の実験で「知られることなく他人の参照基準点を変えることができる」ということがわかりました。**参照基準点を変えることができれば、相手の感情や行動をコントロールすることが可能**になります。

たとえば、あなたが経営者で、会社の業績が悪化して次回のボーナスをカットせざるを得なくなったとします。前年のボーナス額から「一律10%カット」とアナウンスしたら、従業員はガッカリしますし、会社に対する不満もたまります。従業員の参照基準点は前年のボーナス額、あるいは物価上昇を加味して前年のボーナス額より少し高い額だからです。

そこで、あなたは参照基準点を変えるために「不況だから、同業他社は20%カットだが、わが社は10%カットに留めることができた。皆さんのおかげです」と話しました。カットされるわけですから不満は残るでしょうが、なかには「10%で済んでよかった」と考える従業員もいるでしょう。**他社の例を出すことで、従業員の参照基準点が20%カットされた額へ変わった**のです。

Column

打てる手はすべて打つ

経営者の中には「10%カットせざるを得ないのは変わらないので、いいわけはしたくない」と考える人がいるかもしれません。ただ、従業員の士気にかかわる問題なので、たとえば従業員の参照基準点を変えるなどして、打てる手はすべて打つべきです。会社に対する不平・不満は仕事への意欲や生産性を確実に低下させるからです。

イチかバチかの賭けをやめる方法

私たちが受ける印象や感情は、結果が参照基準点より上か下かによって、まったく異なります。参照基準点より上であればうれしいし、下であればネガティブな感情がわき上がります

競馬の最終レースで大穴を狙う人が多い理由も、参照基準点と価値関数で説明できます

競馬場に来た人たちは無意識のうちに競馬場に来る前の所持金を参照基準点としているため、競馬場に来て負けがこんで最終レースの直前の段階で大きな損をしていれば、感覚マヒを起こし、リスクの高い行動を選択しがちになります

負け続けたことで感覚マヒ

▼

リスクの高い勝負に出る

▼

あり金をすってしまう確率が上がる

対策としては競馬場に来たときの所持金から、最終レース直前の所持金に参照基準点を意識的に変えてしまうこと。負けた現実を受け入れることができれば、大穴に大金をつぎ込むことの危険性を直視して思い留まることができる。

参照基準点を最終レース直前の所持金に変える

▼

冷静に判断ができる

▼

大穴に大金をつぎ込むことを思い留まる

伝統的な経済学では人がなぜ期待収益率がマイナスのギャンブルに手を出すかを説明することができませんが、行動経済学者の多くは、人々が勝つ確率を過大評価していることがギャンブルに手を出す原因と考えています

いずれにしても参照基準点が高いところにある人は、それより低い状態になることを必死に避けようとして、ギャンブルに手を出してしまうということです

なるほど

第3章

目先の誘惑に勝てないのはなぜか

〜近視眼的な本能による不合理行動

明日1万円もらうのと、1か月後に1万100円もらうのとでは、どちらを選びますか？　私たちは、より多くもらえることがわかっていても、近視眼的な本能の誘惑に負けて損な選択をしてしまうことがあります。また、同じお金でも楽をして得た臨時収入などは散財してしまいがちです。本章では、こうした本能の要求に抗《あらが》い、より長期的な視野に立ってお金と付き合うにはどうすればいいのかについて考えます。

なぜ後悔する選択をしてしまうのか？〈近視眼的な本能〉

おかあさん お年玉 前借りしたいんだけど
何いってるの お正月まで 半年もあるのよ
来週 モンスターバスターズ4が発売なんだよね
お小遣いは？
ないから 頼んでるんじゃないか
ダメよ たまるまで 待ちなさい
えーっ
たまるまで 3か月はかかるよ
クラスのみんなが 買うのに自分だけ 3か月後なんて 絶対嫌だ
貯金してないのが いけないんでしょ
今あげたら 来年のお年玉は なしだからね
いいよ まったく 大丈夫
ラジャー

結果が出るまでに時間がかかりすぎると、冷静な判断ができなくなって失敗を繰り返してしまう。

原因と結果の時間差が不合理行動の原因

投資や貯蓄にも不合理行動がつきものです。貯蓄や投資は将来のリスクに備えた経済行動ですが、今、種を植えて、将来、果実を収穫するような**原因と結果の間に時間差がある問題では、不合理行動が生じやすい**のです。その理由は**近視眼的な本能**にあります。

たとえば、将来、自動車を買うために貯金を始めたとします。ところが、お金がたまる前に新しいパソコンが発売されると、本能がそれを欲

ホント～？ 来年になって「やっぱり欲しい～」なんていわないね
いわない いわない 絶対に いわない
ブンブン
――そしてお正月
ねえ お年玉は？
ゲーム買ったとき あげたじゃない
えぇっ
まさか本当に お年玉ないの
当然でしょ あのとき お年玉いらないって いったの誰よ
そんな もうあのときの ボクとは違うの
何いってるの ダ～メ！
わーん
キッ
……じゃあ 来年分を 先にちょうだい
ゴン

しくなるような衝動を引き起こします。結果、貯金という行動は後回しになり、なかなかたまりません。目の前の欲望が優先されるので、先のために現在の欲望をコントロールすることは難しいのです。

日常でも働く近視眼的な本能

これは投資や貯蓄に限ったことではありません。ビジネスや日常生活でも、いつまでもグズグズして行動に移せなかったり、いったんスタートしても途中で投げ出してしまったり、私たちはなかなか努力を継続できません。こうした失敗を繰り返してしまうのは、近視眼的な本能が無意識のうちに働いているからだと考えられます。

時間が経過すると好みが変わる？〈時間不整合性〉

1年後と現在の判断が一貫していない

時間差ができると、不合理な行動をとることがあります。ある実験で「1年（365日）後に1万円もらう」のと「1年と1週間後に1万100円もらう」のとで、どちらを選ぶかという質問（左ページの問1）と、「今、1万円もらう」と「1週間後に1万100円もらう」のどちらかを選ぶ質問（左ページの問2）に答えてもらいました。問1では大多数の人が冷静に「1年と1週間後に1万100円もらう」を選択しましたが、問2では大多数が「今、1万円もらう」と答えました。「1年と1週間後に1万100円もらう」を選んだ同じ人が、後者では「今、1万円もらう」を選択するなど、**時期の違いによる不整合性が生じた**のです。

冷静に考えれば、1週間後に1万100円をもらうほうが得であることは明らかです。少し先の話であれば、近視眼的な本能に邪魔されず理性的に判断し計画することができますが、いざ、計画を実行する段階になると近視眼的な本能が計画の実行を妨げてしまうため、**時間不整合性**が生じるのです。

将来的に得られる利益よりも、今すぐ得られる利益のほうが魅力的に感じられる。

Column

将来より現在を優先するのは不合理ではない

将来は生きているかどうかがわからないので、将来よりも現在を重視すること自体はおかしなことではありません。伝統的な経済学においても、人は将来のことは割り引いて考えるとされていますし、今もらう1万円のほうが1年後にもらう1万円よりも価値があると考えられています。その傾向が選択の矛盾を生じるほどに強すぎることが問題なのです。

「時間差」に基づく不合理行動

次の2つの質問に答えてください。

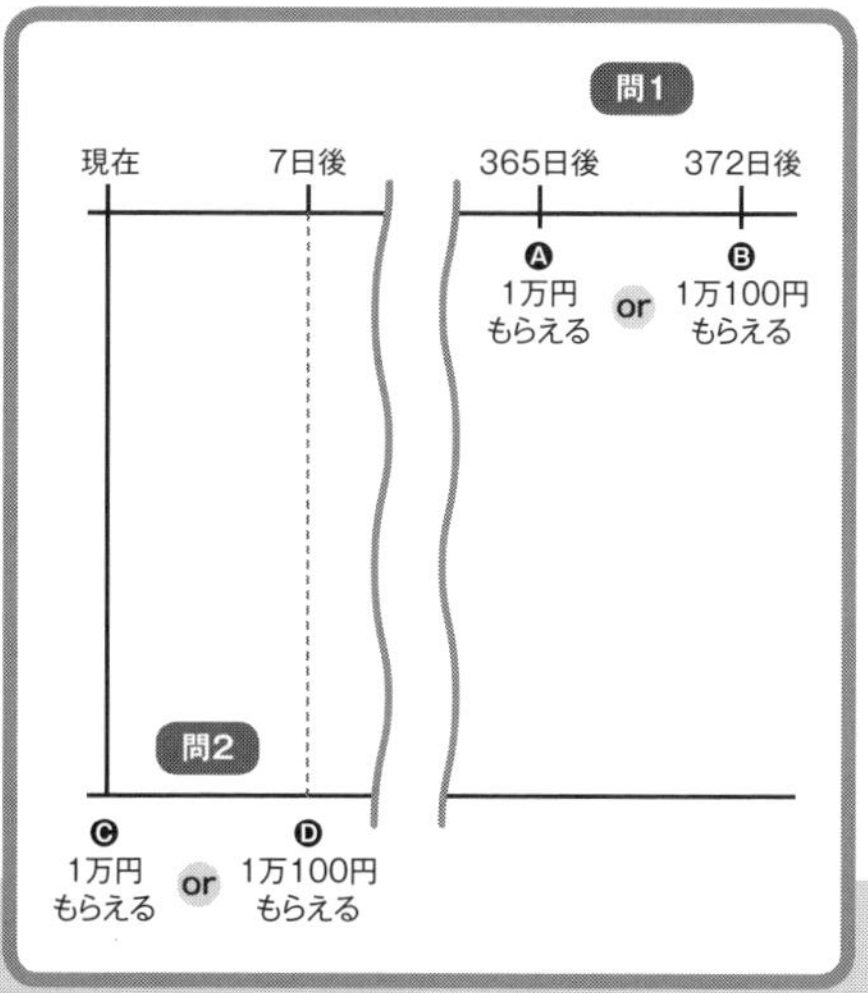
問1
現在
7日後
365日後
372日後
Ⓐ 1万円もらえる
or
Ⓑ 1万100円もらえる
問2
Ⓒ 1万円もらえる
or
Ⓓ 1万100円もらえる

問1

あなたなら、どちらを選びますか?

Ⓐ 1年(365日)後に1万円もらう

Ⓑ 1年と1週間後に1万 100円もらう

問2

Ⓒ 今、1万円もらう

Ⓓ 1週間後に1万 100円もらう

結果

これまで行われた実験では、
問1ではBを選び、問2ではCを選ぶ人が圧倒的に多いという結果が得られた。
つまり、

- **問1 → 大多数の人が「1年と1週間後に1万 100円もらう」を選択**
- **問2 → 大多数の人が「今、1万円もらう」を選択**

するということがわかる。

なお、早くお金を手に入れたいなら、問1ではAを、問2ではCを選択すべきであるし、できるだけ多い額が欲しいなら、問1ではBを、問2ではDを選択すべきだが、仮に問1でB(1年と1週間後に1万 100円もらう)を選んだ人が、実際に1年経ってあと1週間というときに問2の選択をせまられると、C(今、1万円もらう)を選んでしまうことが多い。これは、時間の経過につれ、好みが変化してしまうことを意味している。

遠い先のことなら、理性的に判断して金額が多いほうを選択しますが、近くのことになると本能が目先の利益を優先し、即座にもらえるほうを選んでしまいます
時間の経過とともに好み(選好)が変化することがわかります(時間不整合性)

マシュマロ実験の教訓〈満足の遅延〉

目先の快楽に流されず忍耐力を身に付けたほうが、長い目で見れば得になる。

マシュマロ実験

実験方法

4歳の子どもを実験室に連れていき、ひとつのマシュマロがのったテーブルの前に座らせる。実験企画者は「一定時間マシュマロを食べないで我慢したら、もうひとつマシュマロをあげる」と伝えた。

食べるのを
我慢できたら
もうひとつ
あげる

我慢の大切さを証明したマシュマロ実験

1960年代後半から70年代にかけて、心理学者の**ウォルター・ミッシェル**は上図のような実験を行いました。その結果、マシュマロを食べるのを我慢できるかできないかによって、その子の将来に大きな違いが出るという結果が導き出されたのです。

実験に参加した子どもたちのその後を追跡調査したところ、興味深い事実が明らかになりました。**実験で我慢した子の多くは、大人になると仕事でも私生活でも成功しました。**

実験企画者が部屋を出た後、20分間の子どもの行動を観察した。

我慢ができた子とできなかった子がいたが、我慢できた子はマシュマロを見ないようにしたり、違うことをして気を紛らわせようとしたり、「食べちゃダメ」と自分に言い聞かせるなど、さまざまな工夫をして本能の誘惑に勝とうとしていた。

実験に参加した子どもの成人後を調査すると、我慢できていた子は学業にも優れ、仕事でも私生活でも成功した人生を送っていた。

一方、我慢できなかった子の多くは大人になっても忍耐力がなく、仕事でも私生活でも幸せとはいえない人生を送りました。我慢することの大切さを示した研究成果として大きな注目を集めました。

Column

我慢できる子は成績もいい

この実験で我慢した子と我慢できなかった子の差は学業にも表れました。米国のSATという学業成績テストで、我慢した子のほうが我慢できなかった子より平均点が210点も高かったのです。我慢できるかどうかの差が、その子の将来を大きく左右することが心理学の実験によって明らかになりました。

問題の先送りを防ぐには?〈コミットメント〉

ケーキ食べる?
おいしそー!!
どうしたの高そうだけど
バイト先であまったのをもらってきました
すっごー
たしかキミはダイエット中じゃなかったっけ?
そうなんです実は先週始めたばかりで
先生記憶力いい〜い
じゃあボクらでいただき…
待って!やっぱり食べる
あれやっぱ三日坊主
ケーキには勝てないね
明日から本格的に始めることにしたの!
パフッ

コミットメントとは、誘惑に負けないように自らの行動の自由を制限すること。

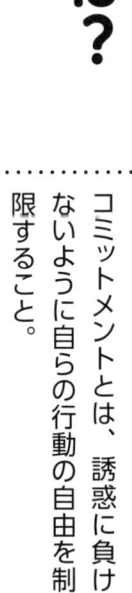

近視眼的な本能と理性との葛藤

目先の楽しみを優先し、嫌なことは先延ばしにしたい**近視眼的な本能**と、長い目で計画をする**理性**とは、しばしば葛藤を起こします。理性が弱く近視眼的な本能の誘惑に負けてしまう人は、頭ではわかっていても、してはいけないことをしてしまったり、すぐにやらなければならないことを先延ばしにしたりします。

ダイエットや禁煙ができない理由も同様です。理性では悪いとわかっていても、おいしいものやタバコを目の前にすると、本能の強い欲求に

負けてしまい、結果としてダイエットや禁煙は失敗してしまうのです。

自らの行動の自由を制限する

誘惑に負けてしまいがちな人は、誘惑が生じる前に自分で自分の行動を制限するのが賢明です。この対処法は**コミットメント**と呼ばれます。

コミットメントは「約束」などと訳されますが、行動経済学ではもう少し強い意味で「約束が破れないようにする」ことを指します。大勢の前でダイエットや禁煙を宣言する、目標を達成できなかったら食事をおごると約束する、甘いものやタバコを身の回りに置かないなど方法はさまざまですが、簡単に誘惑に負けないように準備するコミットメントを試してみましょう。

直感的にムダづかいを防ぐ〈心の会計〉

近視眼的な本能に負けまいと直感的な判断でムダづかいを防ぐことを「心の会計」という。

直観的な判断で不合理な行動を選択

私たちは、いつも近視眼的な本能に負けて衝動的に行動しているわけではありません。給料をもらったら、きちんと配分して次の給料日までもたせますし、将来のために貯蓄や投資を行ったりします。「欲しいものを今すぐ手に入れたい」という欲求に負けず、計画的にお金を使おうとします。その際、冷静かつ合理的に判断しているわけではないものの、直感的に損得を計算し、ムダづかいを防ごうとすることを**心の会計**といいます。

左ページのコンサートの話は、しばしば不合理行動の例として取り上げられていますが、「心の会計」はムダづかいを避けるためのコミットメントになっているため、不合理行動に入れないほうがよいでしょう。コミットメントは前項で紹介したように**計画どおりに行動できない不合理な自分の行動を縛るもの**で、合理的な人間からすれば滑稽に見える対処です。当然、コンサートチケットの例のような矛盾も生じます。ただ、それを合理的ではないとしてやめてしまえば、無計画な浪費を許してしまう危険があります。

Column　頭の中で大雑把に損得勘定をしている

左ページの問では、多くの人が「当日券は買わない」を選びます。ところが、最初から当日券を買うつもりでお金を用意していた人が、チケット売り場で1万円をなくしたことに気づいたという場合では、新たにチケットを「買う」と答える人のほうが多くなるのです。この現象は、頭の中で大雑把に損得勘定する「心の会計」（左ページ）で説明できます。

「心の会計」ではなぜ不合理な選択をするのか

本文で取り上げた問を整理すると、次のようになります。

問1

あらかじめ買っておいた1万円の前売り券をなくしてしまう。

→1万2000円の当日券を買うか、買わないか。

問2

チケット購入にあてるつもりだった1万円をなくしてしまう。

→1万2000円の当日券を買うか、買わないか。

損失は同じ1万円であるにもかかわらず、問1では「当日券を買わない」、問2では「当日券を買う」と回答した人が大半であった。頭の中でたいへん大雑把に会計処理をする「心の会計」の結果だが、考え方は次のようになる。

たとえば、1か月の支出として以下のように割り振ったとする。

家賃	5万円
光熱費・通信費	3万円
食費	7万円
遊興費	2万円

❶ **コンサートのチケット代は遊興費から支出されるが、問1のケースではコンサート会場に着いた時点で、すでに前売り券を購入しているため、遊興費のうち1万円が支出されている。**

❷ **❶で新たに当日券を買うとなると、なくしたチケット代1万円に当日券1万2000円が加わり、1か月の遊興費を超えてしまう。「これ以上、遊興費には使えないな」と考え、当日券を新たに購入しようとは思わない。**

❸ **一方、問2のケースでは、なくした1万円はまだどこにも割り振られていない純粋な1万円なので、遊興費を使ったという感覚がない。そのため、新たにチケットを買うという選択をする気になれた。**

⬇

「心の会計」は合理的な判断とはいえないが、ムダづかいをしないためのコミットメントになっているため、いちがいに否定することはできない。

悪銭は身に付かない〈あぶく銭効果〉

人が変わったように散財することも

心の会計（P74）が生む不合理な行動のひとつに**あぶく銭効果**があります。**ハウスマネー効果**（House money effect. ハウスマネーとはカジノで儲けたお金のこと）ともいい、思いがけず入ってきた臨時収入をパーッと使ってしまうことをいいます。

仕事で得た給与も賭けごとで得た臨時収入も、お金に違いはありません。ところが、ギャンブルで得たお金はさらにハイリスクのギャンブルに投じられたり、飲み食いや遊興費、贅沢品の購入費などにあてられ、あっという間になくなってしまうことが多く、預貯金には回りません。

普段は質素で堅実な生活をしていても、あぶく銭が入ると人が変わったように散財することがあります。「悪銭、身に付かず」といわれるように、まじめに働いたお金以外は、たちまち消えていきます。これは、頭の中の大雑把な会計処理（心の会計）で、使途未定のお金と分類されるため。収入が不安定な人は貯蓄をしにくいといわれるのも、あぶく銭効果が関係しています。

臨時収入が身に付かない理由は、頭の中で「使途未定のお金」に分類されるため。

Column 近視眼的な本能への対抗策

同じお金なのに「入手方法」「使い道」によって印象が変わるのは明らかに不合理です。ただ、心の会計はマイナス面だけではありません。近視眼的な本能にストップをかけ、どんぶり勘定になりがちなお金の使い方を改め、計画的に使おうとしているからです。本能の誘惑に負けないよう、意識的・無意識的に行っている対抗策だといえます。

心の会計とあぶく銭効果

仕事で得たお金

心の会計で大雑把に分類
- **家賃**
- **光熱費・通信費**
- **食費**
- **遊興費**
- **貯金**

各項目に割り振っていく

ギャンブルなどで得たお金（ハウスマネー）

心の会計で大雑把に分類
- **家賃**
- **光熱費・通信費**
- **食費**
- **遊興費**
- **貯金**

各項目には、すでに割り振られた金額があり、臨時収入を割り振る必要がない

▼

何に使っても自由なお金

◀ **パーッと使ってしまう**

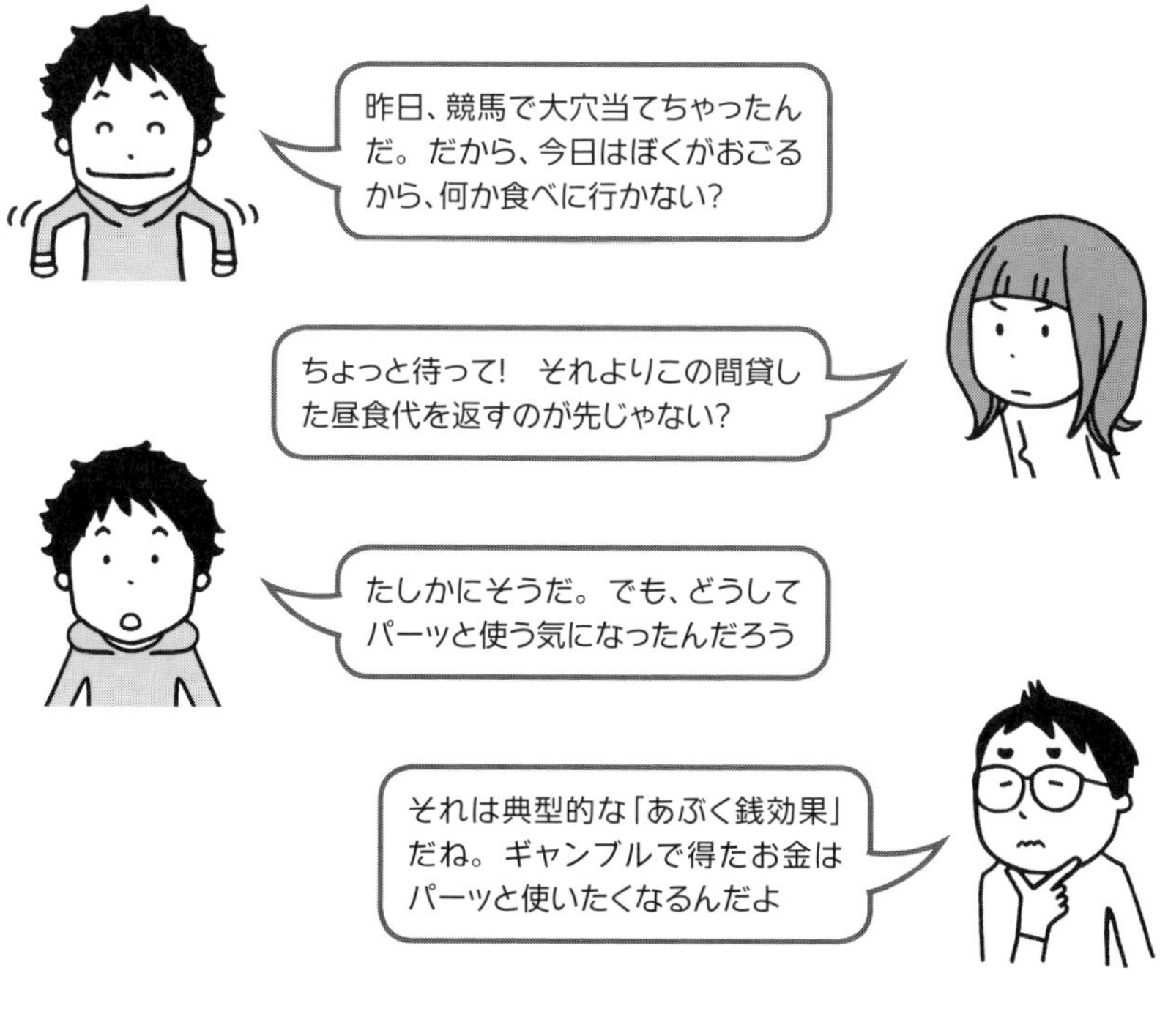
昨日、競馬で大穴当てちゃったんだ。だから、今日はぼくがおごるから、何か食べに行かない?
ちょっと待って!　それよりこの間貸した昼食代を返すのが先じゃない?
たしかにそうだ。でも、どうしてパーッと使う気になったんだろう
それは典型的な「あぶく銭効果」だね。ギャンブルで得たお金はパーッと使いたくなるんだよ

払ってしまったお金をどう考える？〈サンクコストの呪縛〉

いったん動き出してしまうと、ダメだとわかっていても、なかなかやめる決断ができなくなる。

支払った費用が足を引っ張る

いったん始めたことは、途中で失敗するとわかってもなかなかやめられません。やめられない理由はいろいろとありますが、その代表的なものが**サンクコストの呪縛**です。サンクコスト（sunk cost）とは**日本語では「埋没費用」と訳され、「すでに支払ってしまった費用」**の意味です。

サンクコストの呪縛は、すでに支払ってしまったお金（サンクコスト）のことは忘れて判断をするのが合理的なのに、サンクコストのことが頭にあるために冷静であれば絶対に選ばないようなリスクの高い選択をしたり、冷静に考えればやめたほうがいいことをやめられなかったりする現象です。

その原因のひとつは、**自分の行動が失敗だった、愚かな選択をしたと思いたくない、あるいは思われたくないという強い心理**です。「大金をつぎ込んだ事業を何も利益を生まずに終えるわけにはいかない」「長年付き合った彼女と別れられない」「何年も司法試験に挑戦してきて今更やめられない」「食べ放題なのだから無理をしてでも元をとりたい」といった心理を指します。

Column
ギャンブルがやめられない、もうひとつの理由

競馬やパチンコなどをなかなかやめられないのも、「サンクコストの呪縛」で説明できます。「今日は2万円だけ使おう」と思って臨んだとしても、負けがこんでくると「使った金額を取り返したい」と、さらにつぎ込むことがあります。感覚マヒとサンクコストの呪縛によって、リスクの高い行動を選択してしまうのです。

超音速旅客機「コンコルド計画」の失敗

コンコルドとは、イギリスとフランスが共同開発した超音速旅客機のこと。開発途中で予想が修正されたものの、すでに多額のコストが発生しているという理由で中断できなかった、サンクコストの呪縛の代表的な例です。

コンコルド計画スタート

▼

途中で、完成させるためには多額の追加費用が発生することがわかった

▼

収益に見合わないことが明白になり、計画中止が検討される

▼

「多額の費用を、すでに支出している」との理由で、開発プロジェクトは継続される

▼

ようやく完成

▼

いろいろな欠点※があり、注文が増えなかった

▼

生産は16機止まりで商業的には大失敗

▼

1976年に始まった定期運行も2003年には終了

開発が中止されなかった理由は「すでに多額の費用をつぎ込んでいるから」

合理的な判断ではなかった

強固な「サンクコストの呪縛」効果が働いた

※コンコルドの主な欠点

1　通常の旅客機より長い滑走路が必要
2　騒音やソニックブーム（大音響）が発生するため、航路が制限された
3　航続距離が短く（途中給油なしでは太平洋を飛び越せなかった）、日本などへの極東便を開拓できなかった
4　乗客定員が100人と少なく、運賃を高くせざるを得なかった

途中で状況や好みが変わっても計画は変えない

成功するまでやめられないコミットメントの弊害

初心を貫こうという思いが強すぎると、失敗するとわかっても後戻りできなくなることがある。

何があっても最後までやり抜くのはいいこと？

サンクコストの呪縛（P78）のもうひとつの原因は**コミットメント**（P72）です。近視眼的な本能の誘惑に負けまいと、多くの人が初志貫徹、計画は何があっても最後までやり抜くと心に決めて頑張ります。貯金や試験勉強、ダイエットなど、誘惑に負けずに貫き通すことで大きな成果が得られる場合もあります。このように、自分に言い聞かせて行動を制限するコミットメントは、意志が弱くて計画を継続できない人にとっては賢明な対処なのですが、**途中で状況が変わって計画を中止したほうがいいことがわかったときにまで、それをやめられないという弊害が生じてしまう**のです。

失敗したくないという心理もコミットメントも、心の弱さを持つ人間の不器用な対処法です。弊害があるからといって、それをすべて否定してしまうと、かえって無計画で自堕落な生活をするようになってしまうかもしれません。「サンクコストの呪縛に陥っているかも…」と思ったときは感情に任せた選択をするのではなく、冷静にじっくりと判断するようにしたいものです。

コミットメントには公約、委託などの意味がありますが、ここでは「約束した必達の目標」というようなニュアンスで用いています

コミットメントの弊害

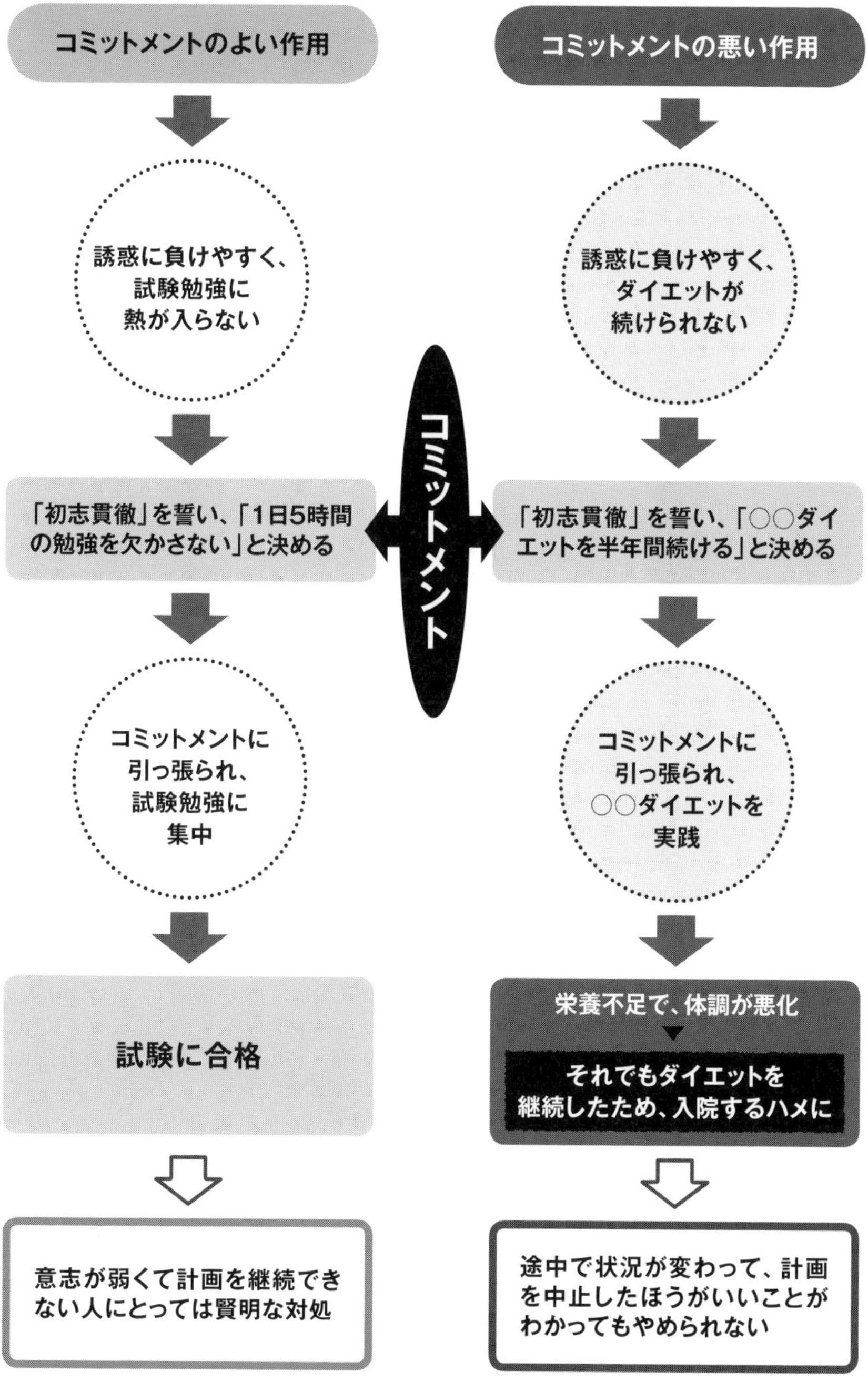
コミットメントのよい作用
誘惑に負けやすく、試験勉強に熱が入らない
「初志貫徹」を誓い、「1日5時間の勉強を欠かさない」と決める
コミットメントに引っ張られ、試験勉強に集中
試験に合格
意志が弱くて計画を継続できない人にとっては賢明な対処
コミットメント
コミットメントの悪い作用
誘惑に負けやすく、ダイエットが続けられない
「初志貫徹」を誓い、「○○ダイエットを半年間続ける」と決める
コミットメントに引っ張られ、○○ダイエットを実践
栄養不足で、体調が悪化
それでもダイエットを継続したため、入院するハメに
途中で状況が変わって、計画を中止したほうがいいことがわかってもやめられない

いったんよいと思ったら変えられない〈選択的意思決定〉

変更には心理的な苦痛をともなうため、一度決めたら理由をつけてそれを貫こうとする。

特定の要素だけをクローズアップ

賃貸物件などを選ぶ際に失敗する理由のひとつは、42ページで取り上げたように要素と条件の数をしぼりすぎて特定の要素だけがクローズアップされ、総合的な判断ができなくなること。そして、もうひとつは直感的に気に入った物件が**コミットメント**（P72）となってしまい、その物件に対するプラス情報には耳を傾けても他の物件に対するプラス情報には耳をふさぎ、**その物件に決まるように無意識のうちに自分の心を誘導してしまう**ことです。

これはつまり、最初にある物件を気に入った時点で、仮に意思決定されているともいえます。一度決めたことを引っくり返すのは心理的な苦痛をともなうので、大半の人はそれを避けようとします。すると、その仮の意思決定に反する情報にはあえて目をつぶるようになり、都合のいい情報だけを採用し、立地、交通の便、周辺の環境、家賃など主要な要素が条件に合わなくても最初に気に入った物件を選びます。最初に意思決定したことに反しないよう、選択的に決定をくだすことから、**選択的意思決定**と呼ばれます。

Column

自分が不快を感じない選択をしがちに

新規事業やプロジェクトの立ち上げの際にも、選択的意思決定が行われる可能性があります。担当者はなんとしてもスタートさせたいと思っていますから、黒字化が容易ではないと予測されても、そのことには耳をふさいでしまいます。そして、自分が不快を感じないような決定、すなわち事業・プロジェクトをスタートさせるという選択をしがちです。

選択的意思決定

選択的意思決定がどのようにしてなされるのか見てみましょう。

コミットメント強い ➡ **プラス情報に耳を傾ける　マイナス情報は拒絶** ➡ **非合理的な意思決定**

物件A　物件B　物件C

❶ 物件Cがいいと思った
❷ 各候補の要素を比較

	家賃	収納スペース	交通の便
物件A	○	×	△
物件B	○	△	△
物件C	△	×	△

❸ 客観的には物件Bだが、物件Cがいいと思っているので、
条件面には目をつぶり、物件Cに決定 ▶▶▶ **選択的意思決定**

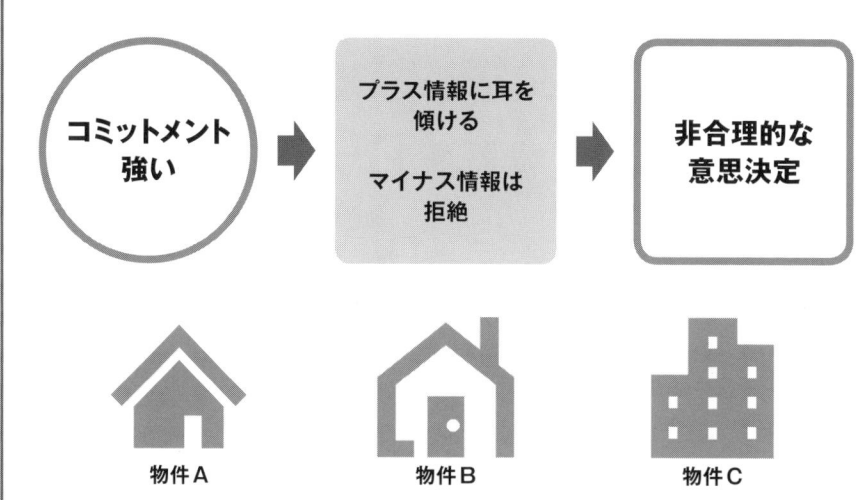

第4章

なぜ成功できないのか

～不確実性による不合理行動

人は学習することで、一見、規則性のなさそうなところに規則性を見出したり、特徴を捉えて識別したりして、さまざまな問題に対処しています。ただし、一方でそれがアダとなり、正確な判断ができなくなってしまうこともあります。たとえば、規則性を見つけた気になって、偶然の結果でしかないものに投資してしまったり、あいまいな感覚を過大評価してしまったりするなどです。本章では人を勘違いさせやすい「不確実性」について考えます。

次もうまくいくとは限らない〈不確実性〉

不確実性がなければ、予測も対応も楽

第4章では**不確実性**による**不合理行動**に焦点をあてます。行動経済学は、さまざまな不合理行動を明らかにしてきましたが、その中の大半が**不確実性のある状況でもたらされるもの**でした。不確実性とは「これからどのように転ぶかわからない」「次に何が起こるかわからない」という意味です。

不確実性がなければ予測も対応も楽です。あらかじめ何が起きるかわかっていますし、何か問題が生じたとしても、過去に成功した手法を用いれば確実に解決できるからです。いい結果をもたらした行動をただ繰り返すだけで、大半のものごとはうまく運びます。

ところが不確実性のある状況では、過去に成功した手法で対応できるとは限りません。過去にAという手法で成功したからといって、今回も同じAという手法で成功するとは限らないということになれば、過去の事例は参考に留めて、その都度、最善と思われる手を考えて実行するしかありません。

不確実性のある状況とは「これから、どのように転ぶかわからない」状況のこと。

Column 確率を大雑把に把握

不確実性のある状況では不合理行動が起こりやすくなりますが、その理由のひとつは「確率の見立てを誤ってしまう」からです。確率を計算するのは楽な作業ではありません。そんな確率計算を頭の中で行わないといけないので、えてして認知的節約（P28）をして、確率を大雑把に把握しようとしてしまうのです。

地震が発生した直後は地震への恐怖が高まる

確率の把握を誤ってしまうのは人間の本能と密接な関係があります

確率の計算はめんどうなので、近道を使って対象や問題を把握し、判断しようとします。たとえば、大地震が発生した直後は地震への恐怖が極限まで高まり、災害に備えようといろいろな対策や準備を実行します

大地震が発生

↓

ニュースを見聞きする

地震や火災など命にかかわる重要なことがらに関して、本能は「生命の維持」に全力を尽くします

そのため、大地震などが発生する確率を過大に評価し、実際の確率以上に発生しやすい(「今にも起こりそうだ」)と認識します

↓

自分の住んでいる地域でも地震が発生する恐怖

↓

地震に備え、いろいろな対策や準備を行う

しかし、その半面、大地震などの災害から時間が経つと、発生の確率を実際より過小に評価し、自分の身近では災害など発生しないと考え、災害に対する備えや準備を怠るようになる傾向があります

次は当たるような気がする〈本能と確率認識の誤り〉

過去の出来事に影響され、大雑把な確率計算で出来事が発生する可能性を見誤る。

当たりが出る可能性を高く見積もる

不確実性のある状況といっても、確率がわかっているものと確率さえわからないものがあります。たとえば、コイン投げは確率がわかっているもののひとつ。コインを投げて表が出る確率は50％ですが、これは何回投げても確率は変わりません。5回連続して表が出たとしても「次も表が出る」と考える人と、「そろそろ裏が出る可能性が高い」と考える人がいます。コインがゆがんでいるとすれば前者は正しい判断だといえますが、ゆがみがないのだとすれば、どちらも間違いです。コイン投げは1回ごとに独立している行為ですから、前回の結果が次回の結果に影響を与えることはありません。次回も表が出る確率は依然として50％で、裏が出る確率も50％です。

ところが、たいていの人は「同じことは連続して起こらないはずだ」と思い込みます。このことを**ギャンブラーの誤《ご》謬《びゅう》**といい、最も典型的な例はギャンブルで負け続けているときに「そろそろ勝てそうな気がする」と思って強気の勝負をしてしまったり、ギャンブルがやめられなくなることを指します。

Column

冷静沈着なギャンブラーでも誤る

ギャンブラーのような冷静沈着なプロフェッショナルでさえも、希望的観測からある確率を高く見積もってしまう「ギャンブラーの誤謬」は、特に連続してものごとを実行する際に起こりがちです。それまでに生じた傾向から影響を受け、判断をゆがめてしまいやすいためです。

ギャンブラーの誤謬

コイン投げで表·裏が出る確率はそれぞれ50％

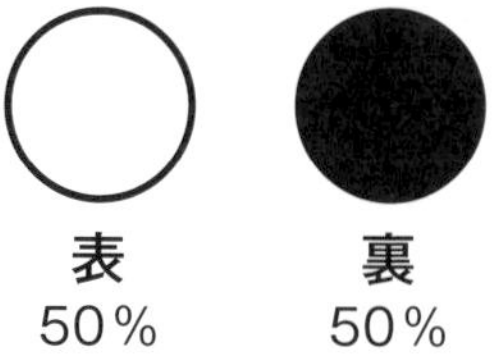
表
50％
裏
50％

では、5回続けて表が出たとしたら、次は表か裏のどちらが出る確率が高いと思うか?

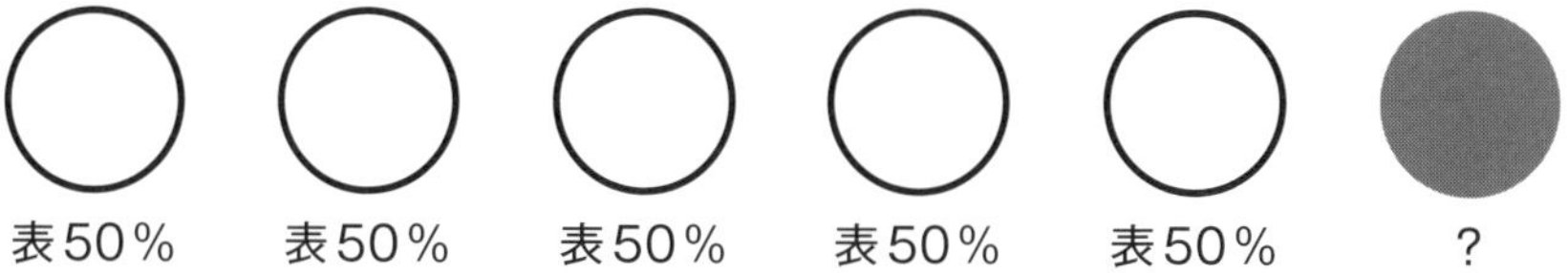
表50％
表50％
表50％
表50％
表50％
?

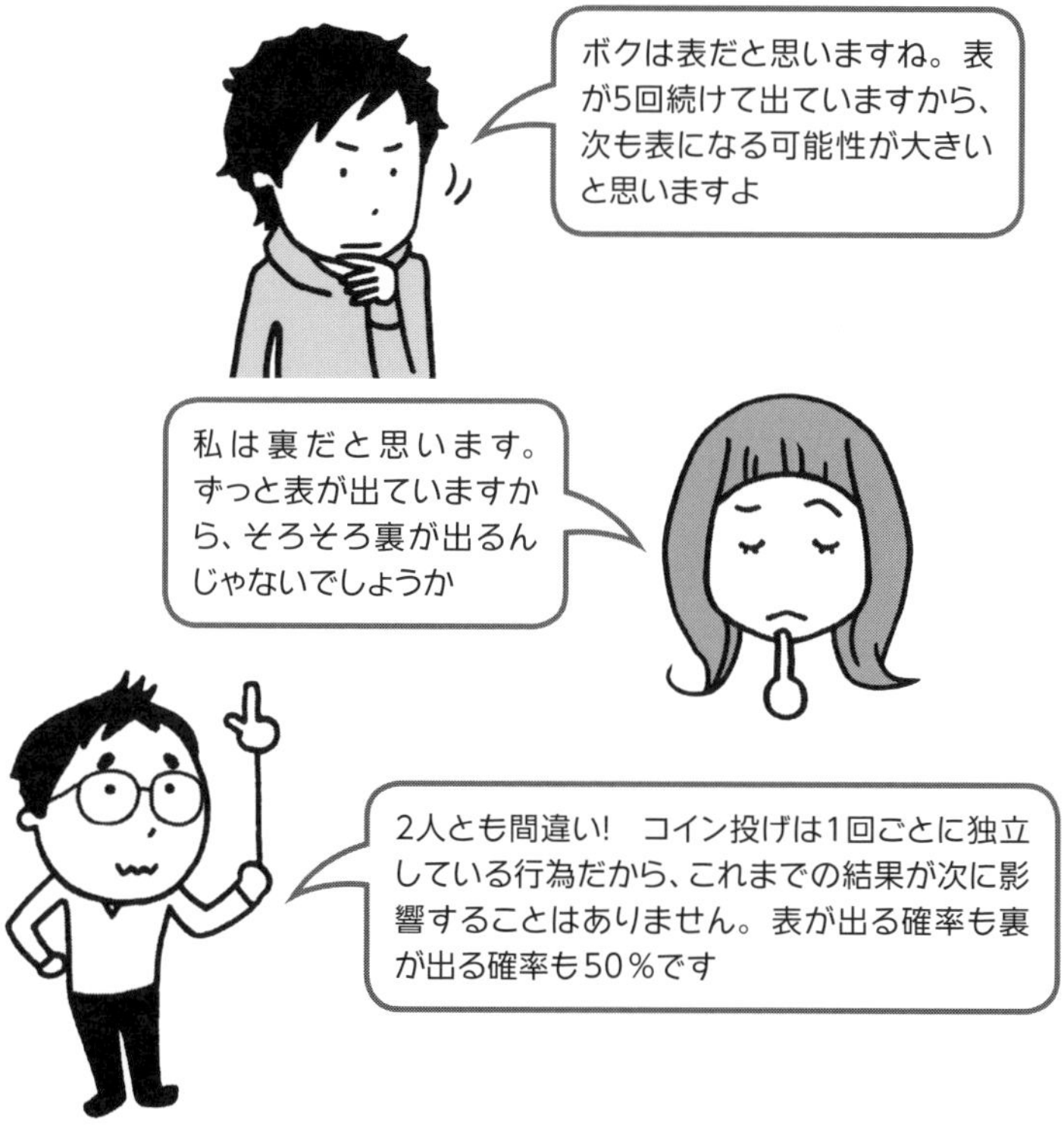
ボクは表だと思いますね。表が5回続けて出ていますから、次も表になる可能性が大きいと思いますよ
私は裏だと思います。ずっと表が出ていますから、そろそろ裏が出るんじゃないでしょうか
2人とも間違い！ コイン投げは1回ごとに独立している行為だから、これまでの結果が次に影響することはありません。表が出る確率も裏が出る確率も50％です

特徴だけで判断する〈代表性ヒューリスティック〉

危機や問題に直面したとき、経験などを参考にして、簡単かつ直感的に判断する方法。

学習することで、環境に適応

人間は学習することで、環境に適応してきました。人類という単位で考えても個人に焦点をあてても同じで、学習したことを生かして道具を使ったり、仲間と協力したりして危機や問題を乗り越えてきました。

毎日、いろいろな問題に直面していると、そのたびに時間を費やして考えているわけにはいきません。そんな場合に、対象を大雑把に把握して判断することをヒューリスティックといいますが、**対象となるものを象徴する、あるいは代表する特徴を捉えて判断や認識を行うことを代表性ヒューリスティック**といいます。正しい答えが見つかるとは限りませんが、経験を通して身に付けた、**比較的簡単に答えを出せる方法**（**簡便法**）です。

科学的根拠がないにもかかわらず、星座占いや血液型分類がよく使われているのも、代表性ヒューリスティックから説明できます。たとえば、血液型分類は、よく知らない相手でも「この血液型なら、こんな人」とイメージをつくりやすいからです。

Column 代表性ヒューリスティックがスピーディーな判断を可能にした

私たちは日常生活で、会話、テレビ、新聞、雑誌、インターネット、噂話など、ありとあらゆる情報メディアに囲まれて行動しています。膨大で複雑な情報を、限られた時間で限られた能力を使って処理しなければなりません。代表性ヒューリスティックはスピーディーな判断を可能にしたともいえます。

膨大な情報と代表性ヒューリスティック

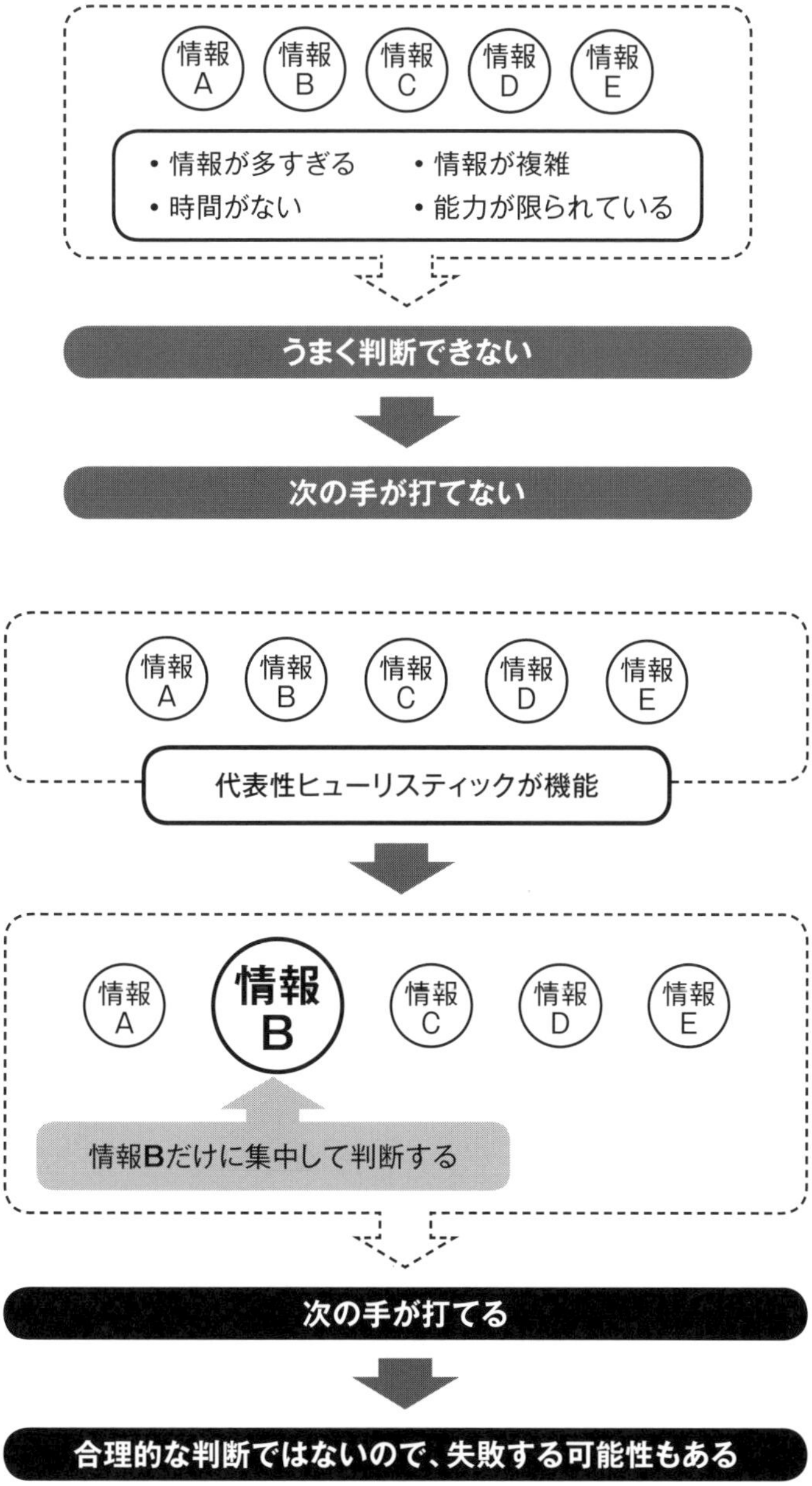

情報A
情報B
情報C
情報D
情報E
・情報が多すぎる
・情報が複雑
・時間がない
・能力が限られている
うまく判断できない
次の手が打てない
情報A
情報B
情報C
情報D
情報E
代表性ヒューリスティックが機能
情報A
情報B
情報C
情報D
情報E
情報Bだけに集中して判断する
次の手が打てる
合理的な判断ではないので、失敗する可能性もある

強すぎる思い込みをしてしまう

代表性ヒューリスティックのデメリット

代表的・象徴的な特徴だけで判断すると、誤ったり、失敗したりすることがある。

間違った認識や判断を招くことも

代表性ヒューリスティックは認知的な節約にはなりますが、対象や人間を代表する、もしくは象徴する特徴だけで把握しますから、間違った認識や判断を招くことがあります。左ページの**リンダ問題**はその典型です。

カーネマンと**トベルスキー**は、学生にリンダさんという女性のプロフィールを読ませ、彼女の肩書きの選択肢をありえそうな順番に並べかえさせました。選択肢には、「銀行の窓口係」と「銀行の窓口係で、フェミニズム運動の活動家である」という2つの選択肢が含まれていますが、後者は前者に含まれるので前者の「銀行の窓口係」である可能性のほうが高いにもかかわらず、多くの学生が「窓口係で、フェミニズムの活動家」である可能性のほうが高いと回答しました。「反核運動に参加したことがある」などのプロフィールから、(代表性ヒューリスティックによって) **リンダさんの典型的なイメージをハッキリと頭の中に思い浮かべてしまい、確率法則を無視して「フェミニズム運動家」であるに違いないと思い込んでしまった**のです。

Column

単純化しすぎたために必要な要素を見逃すことも

ヒューリスティックは日常生活では役に立つことも多いのですが、ビジネスでは逆効果になりがちです。高度な判断や意思決定などが必要とされるときに、ものごとを単純化しすぎて、考えるべき条件や要素を見逃したり、捨て去ったりしてしまう可能性があるからです。

リンダ問題

カーネマンとトベルスキーは学生に対し次のような実験を行った。

最初にリンダさんのプロフィールを提示し、次にリンダさんにあてはまると思われる職業・立場などを、ありうる順に並べてもらった。

リンダさんのプロフィール

- アメリカ人である
- 性格は社交的で明朗
- 学生時代には哲学を専攻していた
- 差別や社会正義に関心がある
- 反核運動に参加したことがある

質問

リンダさんの肩書きとして、ありうる順番に次の❶から❼までを並べてください。

❶小学校教師
❷書店勤務
❸精神科病院に勤務
❹「女性有権者の会」の会員
❺銀行の窓口係
❻保険外交員
❼銀行の窓口係で、フェミニズム運動の活動家

結果

選択肢の２つに「銀行の窓口係」（❺と❼）が入っていたにもかかわらず、「銀行の窓口係」である可能性より、「銀行の窓口係で、フェミニズム運動の活動家」である可能性のほうが高いとする学生が多くいた。

学生たちはプロフィールにあった「差別や社会正義に関心」に引っ張られ、そのイメージでリンダさんを見てしまったことから、❺より❼のほうが可能性は高いと判断した。

当たりそうな宝くじの番号は?〈確率認識の誤り〉

ジャンケンで9連勝はすごい偶然か?

今年の学園祭で、優勝者に豪華景品が贈られるというジャンケン大会を開催したところ、参加者が300人を超え、大盛り上がりでした
そうそう、大会は勝ち抜きトーナメント戦だったので、優勝するまでに9回連続で勝たなければならなかったから、優勝者は相当な強運の持ち主だね!

ヒューリスティックは直感的な思い込みで確率をゆがめてしまうことがある。

典型的なイメージで判断

人は、主観的な判断で確率をゆがめてしまうことがよくあります。たとえば、ここに2枚の宝くじがあるとします。番号はそれぞれ「29736580」「11111111」。あなたは、この2枚のうち、どちらが当たりそうだと思いますか?

宝くじの場合、各ケタの番号が無作為に選ばれますから、**どちらも当たる確率は同じ**です。ところが、多くの人は「29736580」のほうが当たりそうだと思います。**確率は同じだと頭では理解していても、**

残念ながら、そうではありません。トーナメント戦ですから、誰かが絶対に優勝するはずで、必ず、その中のひとりが無敗で優勝します。優勝した人が、ジャンケンが強いとか、強運の持ち主であるとかの根拠にはなりません
たしかに…そういえばそうですね
たまたま、続けて勝っただけなのか
そうです。私たちはなんの裏づけもないまま、ジャンケンに強い人、弱い人がいると思ってしまいますけどね。ジャンケン大会ならいいのですが、ビジネスにおいても同じ間違いを犯しているかもしれません
見たことや経験したことがないものは確率が非常に低いと、直感的に思い込んでしまいます。これも代表性ヒューリスティックが引き起こす不合理行動のひとつです

「1111111」のような番号は、あまりにも規則的すぎて当たりそうな気がしません。当選番号がゾロ目になることはないというイメージができあがっているからです。これも**代表性ヒューリスティック**のひとつです。

Column
暴落しても損切りできない理由

ヒューリスティックは主観的な判断で客観的な確率をゆがめてしまいます。株式や為替が下落したときに損切りができないのも投資家の心のうちに「そのうちに上昇するだろう」という楽観的な期待があるからです。さらに保有効果（P58）も加わり、なかなか手放せず、結果的に長期保有することになります。

直前の数字に引っ張られる〈係留性ヒューリスティック〉

係留性（アンカリング）※ヒューリスティックは直前に見聞きした数字に影響されることをいう。

事前にランダムに与えられた数字に予想値が引っ張られる

テレビの通販番組などで、「お値段4万2000円のところを本日に限り2万9800円」などといわれると、私たちは「そんなに安くなるのか」と買い物意欲が刺激されます。これは直前の数字に引っ張られる**係留性ヒューリスティック**を利用した販売促進手法です。

カーネマンと**トベルスキー**は2つのグループに「ミシシッピ川」の長さを問う実験を行いました。第一のグループには、ミシシッピ川は「100

※アンカリング：碇＝アンカーを下ろした船が動けないことの比喩で、先入観や固定観念が強く影響することをアンカリングという。

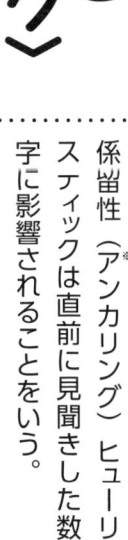

㎞より長いですか」、第二のグループには「4000㎞より長いですか」と質問したうえで、川の長さを尋ねたところ、第二グループのほうが第一グループより格段に長い答えをいいました。直前に聞いた数字に引っ張られてしまったのです。

Column

販売促進手法に活用される

本文の「ミシシッピ川」の実験における第一のグループの答えた数字の平均は 1475km、第二のグループの平均は 4813km でした。同じ川の長さを聞いて２倍以上の開きが出るほど、直前に聞いた数字の影響は強いということです。マーケティングには、こうした係留性（アンカリング）ヒューリスティックを利用した販売促進手法がたくさんあります。

自動車事故より飛行機事故のほうが怖い

強いインパクトにごまかされる〈利用可能性ヒューリスティック〉

想起しやすい事物の確率を高く見積もる傾向を、利用可能性ヒューリスティックと呼ぶ。

飛行機事故のほうがインパクトは強い

飛行機事故が発生する確率は、自動車事故のそれと比べるとはるかに少ないのですが、私たちは飛行機事故に対する恐怖を強く感じます。飛行機事故は発生件数が少なくても、いったん起きると大惨事になることが多く、テレビや新聞などでも大きく報道され、強いインパクトを受けるからです。

「自動車事故のほうが発生確率は高い」といわれても、飛行機事故に対する恐怖感は少しも減少しません。直感的な確率認識は変わらないのです。

それに加えて、人は小さな数字をうまく認識できません。飛行機事故の確率は非常に小さいのですが、「絶対に起こらないわけではない」と理解し、**確率を過大評価**します。地震などの大災害の後は損害保険に加入する人が増えますが、これは被災地の様子をテレビなどで見て災害をイメージしやすい状態になり、次の災害が発生する確率が高く感じられるからです（P87参照）。

このような、**想起しやすいものごとの確率を高く見積もる傾向を利用可能性ヒューリスティック**と呼びます。

Column

報道が大きいと、事故が発生しやすいと感じる

身近な出来事やテレビなどで大きく報道された事故や災害は起こりやすく、遠く離れたところで起きたりあまり報道されなかったりした出来事などは起こりにくく感じます。実際、日本では殺人事件などの凶悪犯罪は戦後一貫して減少しているにもかかわらず、メディアでの扱いが大きいため、「最近、凶悪な犯罪が増えている」と認識されがちであることがわかっています。

飛行機事故と自動車事故

飛行機で移動することが多い米国においてさえ、飛行機に乗って死亡事故に遭遇する確率は0.0009％で、自動車で死亡事故に遭遇する確率0.03％の33分の1以下だとされています。

利用可能性ヒューリスティックとは想起しやすいものごとの確率を高く見積もる傾向のこと。たとえば、米国で銃によって殺された子どもの数とプールの事故で命を落とした子どもの数を比較すると、前者が多いと思われていますが、実際にはプールでの死亡事故のほうが圧倒的に多いそうです。銃による発砲事件のほうが大きく報道されやすいことから、多くの人が認識を誤っているのです。

偶然の結果に規則性や必然性を見出す

ランダムなものにも規則性を発見

株式投資をしている人の中には、株価の変動に規則性を見出し、その規則に則って利益を上げようと試みる人がたくさんいます。プリンストン大学の**バートン・マルキール**は投資家のこうした傾向を実験で確かめました。

左ページの図はコインを投げて、表が出た回数と裏が出た回数をグラフ化したものです。表が出るとひとつ上がり、裏が出るとひとつ下がります。実際にやってみると、表か裏の一方が出続けたりすることが結構あります。もちろん、あくまで偶然の結果にすぎませんが、その一部分だけを切り取ってみると、まるで上昇や下降のトレンドが形成されているように見えます。

このグラフを株価チャートとしてプロの証券アナリストに見せたところ、彼らは今後の株価の動きを予測して「買いだ！」と叫びました。多くの投資家、特に**株価チャートに重きを置いている人たちは、偶然を必然だと思ったり、規則性がないものに規則性を見つけようとしたりする**のです。しかし、過去の株価の動きから未来の株価を予測するのは、ほぼ不可能なのです。

偶然の結果にすぎないものであっても、そこに規則性を見出そうとする人がいる。

Column

過去の株価の動きから未来の株価は予測できない

「株価変動の規則性を利用して儲ける」そんな方法を指南する本をときどき見かけます。多くのファイナンス研究者が株価の規則性を調べてきましたが、学術的に証明された規則性はほとんど見つかっていません。どうやら指南されている規則性は幻にすぎないようです。

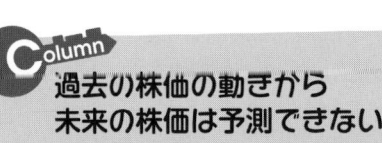

規則性のないグラフが株価チャートに見える

トレンドのようなものが見えるコインの裏表の回数をグラフ化したものが、株価チャートに見えてしまいます。

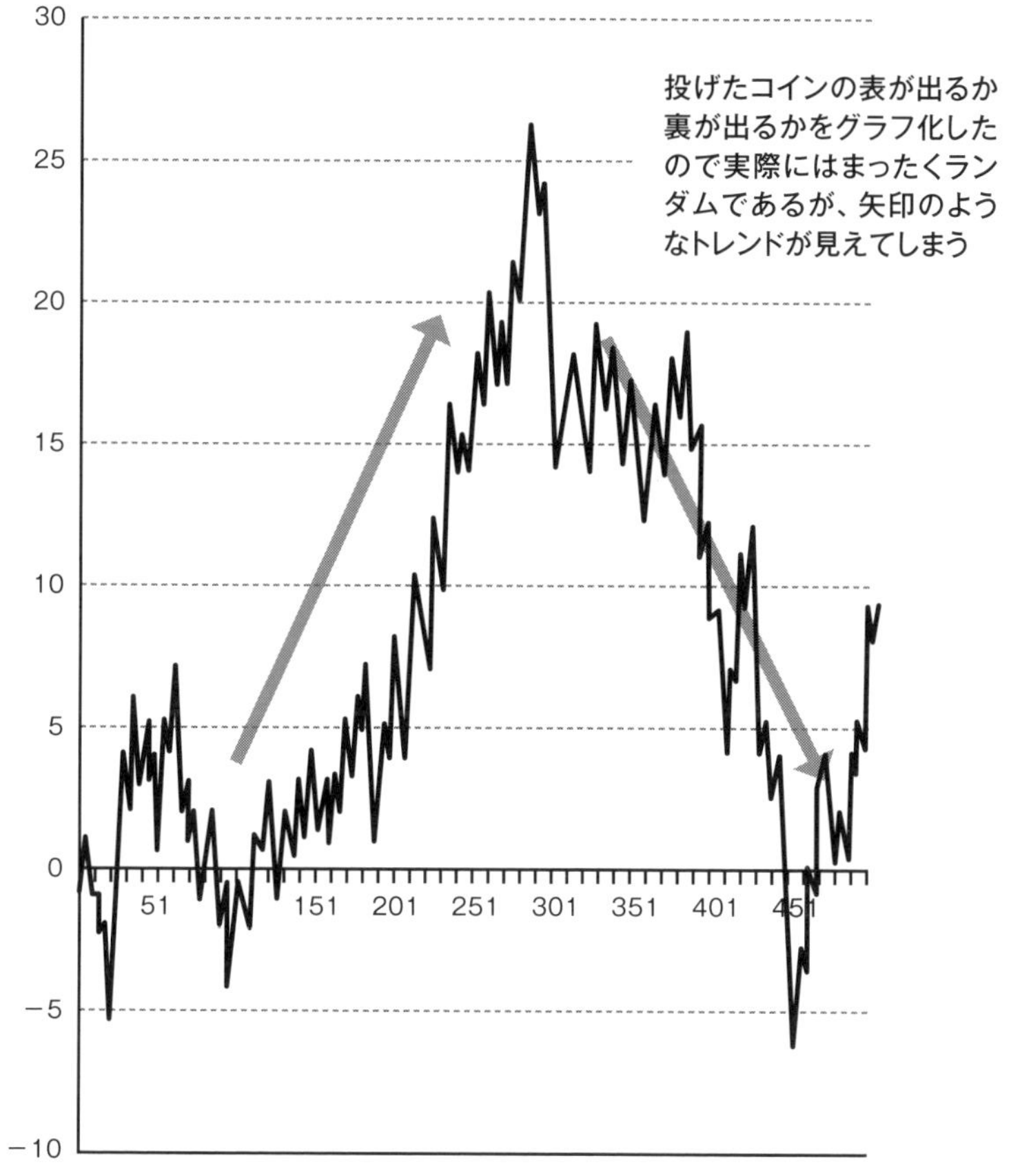
30
25
20
15
10
5
0
−5
−10
51
151
201
251
301
351
401
451
投げたコインの表が出るか裏が出るかをグラフ化したので実際にはまったくランダムであるが、矢印のようなトレンドが見えてしまう

これは、コインを500 回投げた結果をグラフ化したもの。表が出るとひとつ上がり、裏が出るとひとつ下がる。表が出る確率も裏が出る確率もフィフティフィフティなので、この先、上がるか下がるかは誰も予測できない。ところが、プロの投資家たちはこのグラフから規則性を見出し、この後、株価は上昇すると予測した。

なぜ当たらない宝くじを買うのか〈加重関数〉

小さい確率をなぜか過大評価する

宝くじで高額が当選する確率は、非常に低いといえます。当然、リスクを嫌う慎重な人（リスク回避的な人）は宝くじには手を出さないはずですが、実際にはリスク回避的な人も宝くじを買っています。**カーネマン**と**トベルスキー**は、**人は小さい確率を過大に評価しすぎる**ことを発見しました。宝くじを購入している人は「自分に当たってもおかしくない」と考えているのです。

カーネマンとトベルスキーは学生たちに、いろいろな確率のくじを選ばせ、確率が主観的にどの程度のものと認識されているかを調べました。左ページの図の横軸は、くじの確率、タテ軸は学生の主観的な確率認識です。客観的な確率の数字と主観的な認識の関係は**加重関数**と呼ばれ、点線で示された45度の線が確率を正しく認識している場合を示しています。

これによって確率認識には2つの特徴があることがわかりました。ひとつは学生たちが**確率の変化に鈍感だった**こと。もうひとつは**小さい確率が過大評価されていた**ことです。

小さい確率を過大評価し、自分に宝くじが当たってもおかしくないと考える。

Column

人は確率を正確に認識できない

確率というと、身近なところでは天気予報の降水確率などを思い浮かべる人が多いかもしれませんが、実際は確率で「○%」といわれても、正確には認識できていません。たとえば、降水確率「10%」と「20%」とで、その違いが具体的にどれくらいなのか、誰にもわからないでしょう。確率は数字で出されるため正確に感じられますが、それを正しく把握することは意外に難しいのです。

加重関数のグラフ

カーネマンとトベルスキーは学生たちを対象にして次のような実験を行いました。

宝くじⒶと宝くじⒷのどちらかをもらえるとしたら、どちらのほうがいいかという質問をした。

Ⓐ　当選確率1万分の1の宝くじ　　1枚

Ⓑ　当選確率10万分の1の宝くじ　　5枚

Ⓐの当選確率が１万分の１なのに対し、Ⓑの当選確率は２万分の１。簡単な計算をすれば、Ⓐの確率のほうが２倍も高いことがすぐにわかるが、Ⓑを選んでしまう人がかなりいた。非常に小さい確率の場合、「１万分の１も、10万分の１もどちらも非常に小さいけれども、ゼロではない確率」とアバウトな認識をしてしまい、大きさが10倍も違うことに気づかない。
確率の違いが認識されないために、「１枚」しかもらえないⒶよりも、「５枚」ももらえるⒷのほうが得に思えてしまうらしい。

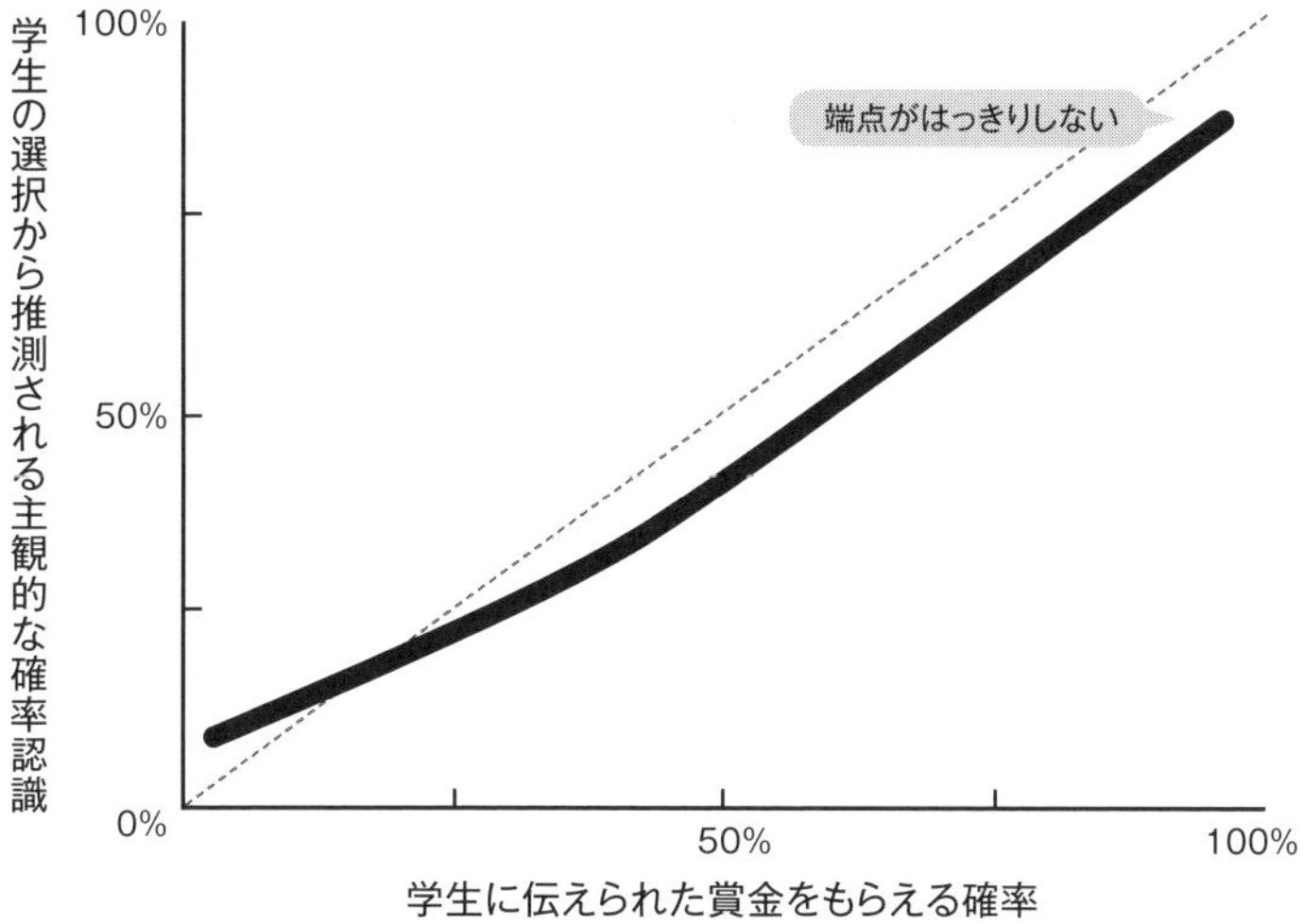

確率認識に誤りがなければ、加重関数は45度線（点線）に一致するはずだが、学生たちは確率の変化に鈍感で、総じて45度線より低くなった。さらに、非常に小さい確率を過大評価したり、無視したりする傾向があり、端の点がはっきりしなかった。

行動経済学の代名詞ともいえる理論

不確実な状況での行動を説明する〈プロスペクト理論〉

行動経済学の核ともいうべきプロスペクト理論は、不確実な状況での人間行動を解明する。

不確実な状況ではさまざまな条件や要素が影響する

行動経済学の研究の中でも、最もよく知られているのが**プロスペクト理論**です（プロスペクトは「期待」「予想」「見通し」などの意）。第2章で紹介した価値関数だけをプロスペクト理論と見なす誤解が多いのですが、カーネマンとトベルスキーが不確実な状況での行動を説明するために提唱したプロスペクト理論は次の3つの要素から成り立っています。

判断したり、意思決定したりする際に、

❶まず、問題を**編集**（Ｐ42）して簡略化する。

❷次いで、結果の望ましさを**価値関数**（Ｐ48）で評価する。

❸最後に、起こりやすさの程度を**加重関数**（Ｐ１０２）で評価し、加重された価値が最も高い選択肢を採用する。

つまり、プロスペクト理論は**編集→価値関数→加重関数のプロセスを、すべて含んだ理論**なのです。プロスペクト理論を紹介する際、価値関数のみを取り上げるのは理論の一部しか伝えていないことになります。

Column

価値関数だけでは不確実な状況下での行動を説明しきれない

カーネマンやトベルスキーが編集、価値関数、加重関数の3つの要素を提案した理由は、価値関数だけでは不確実な状況下での行動を説明しきれなかったからです。不確実な状況では、いろいろな条件や要素が絡み合い、影響を与え合っていることを知る必要があると訴えました。

プロスペクト理論とは

不確実な状況下での判断・意思決定は次のようなプロセスで行われます。

STEP1 編集

選択肢の比較を簡単にするために行う作業。あまり重要でない条件や要素を捨象し、認知的節約をする。

STEP2 価値関数で評価

残された選択肢を価値関数（結果の望ましさ）で評価する。

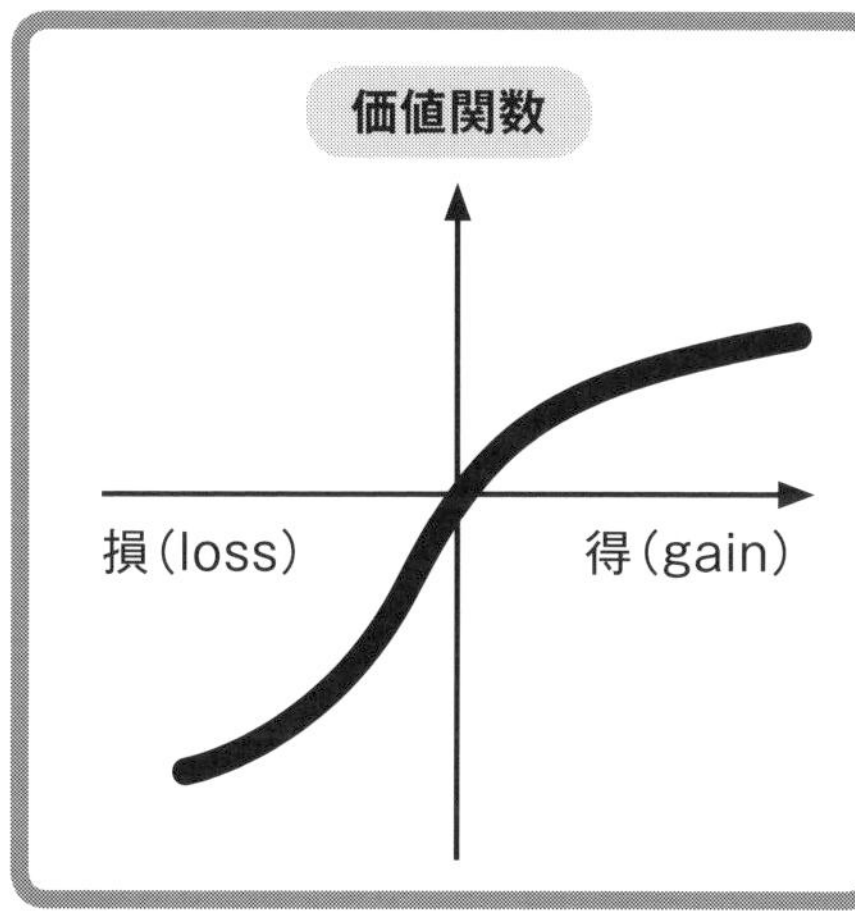

価値関数
損（loss）
得（gain）

STEP3 加重関数で評価

残された選択肢を加重関数（起こりやすさ）で評価し、「加重された価値の総和」で選択肢を比べ、決定する。

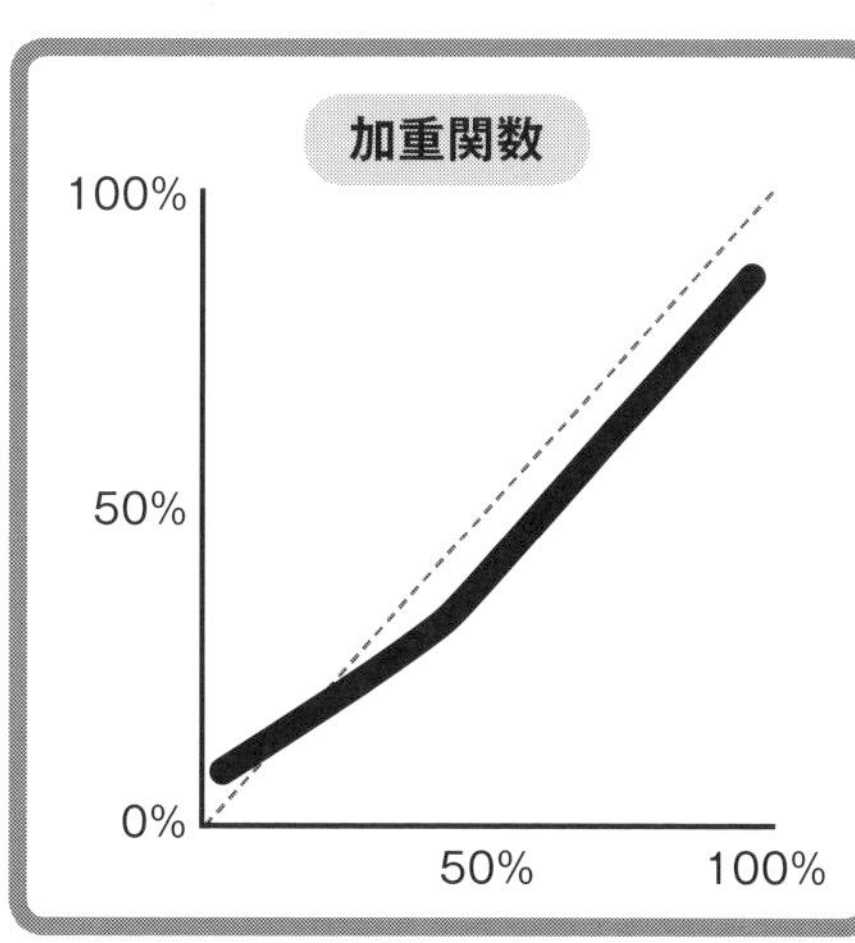

加重関数
100%
50%
0%
50%
100%

なぜバブルは起こるのか〈楽観的な予測〉

どう
一杯
すみません
先約があるので
若かった
最近の若いもんは
クールだねぇ
オレが入社した
頃なんて…
いくぞ
フサフサ
ハイ
なつかしいなあ～
課長が
入社した頃って
バブルの
真っ最中です
よね
そうだな
1980年代
だから
どうして
バブルの頃は
大勢の人が
先行きのことを
考えずに
株式や不動産に
財産をつぎ込んだん
でしょう
買うぞー 買うぞー
株価が右肩上がり
だったからな～
「この先いつまでも
株価や不動産価格は
上昇していくはず」
と楽観的に
考えていたのかな
合理的では
ないですね

上昇傾向のとき、多くの人が「この先も上がるに違いない」と思うのが発端になる。

多数派に同調する群集心理が拍車をかける

なぜ株式や不動産バブルが発生するのでしょうか。株式を例にみると、株価が上昇傾向にあるときは多くの人が「この先も上がるに違いない」と思います。その予測にははっきりとした根拠はありませんが、株価の変動に規則性を見出す人たちは「これまでも上がっているのだから、今後も上がるだろう」と**楽観的な予測**をし、さらに株式を買おうとします。

株の買い注文が増えると株価は上がるので、上昇トレンドが一段と

はっきりします。こうなると**同調行動**（P20）や**群集心理**（P20）に拍車がかかり、さらに大勢の人たちが乗り遅れまいとして株を購入します。こうした考え方や行動が、株式バブルを発生させる原因のひとつになるのです。

Column

同調行動や群集心理は加速しやすい

いったんバブルに火がつくと、同調行動と群集心理によって、またたく間に広がります。大勢の人が集まるところで生じる特殊な心理状態に置かれると、興奮して衝動的になり、理性や判断力が低下、多数意見に簡単に賛成し、やみくもに他の人と同じ行動をとるようになります。

株価が変化する理由を知りたい〈後知恵バイアス〉

怪しい説明でも受け入れる

「観測史上初めて」という形容がつくことが多くなった異常気象はじめ、火山の噴火、大地震などの自然災害、景気・株価の変動、選挙・スポーツの結果など世の中には事前に予測できないことがあふれています。

ところが、その災害や出来事が終わった後になると、事前の予測が可能だったかのような論評や声があふれます。これらは明らかに後知恵で、しかも推測したことを事実であるかのようにいったり、合理的な根拠を示せなかったりするものもたくさんあります。これを**後知恵バイアス**といい、**出来事が発生してから、予測が可能だったと考える傾向**を指します。

私たちは、あいまいな説明であっても受け入れてしまい、「ああ、そうなんだ」と納得することがあります。人は、わからないことや説明できないことを嫌うからです。なぜその出来事が起きたのか、理由がわからないまま放置することに我慢がなりません。そうすると、「わからないことを嫌う人間の学習本能」によって、怪しい説明であっても受け入れてしまうのです。

人には、わからないことを嫌う本能があり、直面するともっともらしい理由を考える。

Column

偶然を必然の出来事として解釈

後知恵バイアスはわからないことを嫌うので、偶然の出来事であっても無理やり説明をつけます。なかには「風が吹けば桶屋が儲かる」のように、原因と結果がつながりにくいものもありますが、たまたま起きた偶然の出来事を必然の出来事であるかのように解釈してしまいます。

株価上昇が足踏み

上昇が続いていた株式市場で、上昇傾向が収まった

↓

投資家はじめ多くの人は上昇傾向が収まった理由を知りたい

決算期が近づいているので、利益を確定させるため売り注文が殺到し上昇が足踏みした

証券会社やアナリスト

↓

実際のところ、上昇が収まった理由は、はっきりしない。
証券会社やアナリストの見解は、あくまで仮説だが、
多くの人がさほど疑問を抱かずに納得する

↓

「わからないことを嫌う人間の学習本能」が仮説であっても
容易に受け入れさせてしまう（後知恵バイアス）。

どうして上昇トレンドが収まったのでしょうか
決算期が近づき、利益確定のための売り注文が多かったからだよ
思ったとおりだな。あの株を買っておかなくて正解だった
後知恵バイアスの典型ね

失敗したら、運が悪かったと思う

自分に都合よく解釈する〈自己奉仕バイアス〉

A社の案件、またB社に、とられちゃったんです
それは残念。どうしてB社に決まったんだろう?
運が悪かったんですね。しかたない
この間、C社の案件を受注したときは「オレの実力」っていっていたくせに、受注できなかったら、「運が悪かった」なんて、ムシがよすぎない?
自己奉仕バイアスだな。ま、それで精神の安定が得られるならいいじゃないか
ですよね?

失敗やミスを犯したら「運が悪かった」、成功したら「自分の実力」と考える心理。

無意識のうちに自分に都合のよい解釈をする

受験やビジネスで失敗したり、スポーツやゲームで負けたりしたとき、あなたはその原因を「自分の力不足」だと思いますか、それとも「運が悪かった」と思いますか。原因を突き止めるのは難しいのですが、こんなときは**偶然のせい**にする人が多いことが知られています。

反対に、受験やビジネスで成功したり、スポーツやゲームで勝ったりしたときは多くの人は「運がよかった」とは考えません。「自分の実力

自己奉仕バイアスは自信過剰な人間を生む

「解釈と記憶の自己奉仕バイアス」は私たちを自信過剰にする働きがあります。

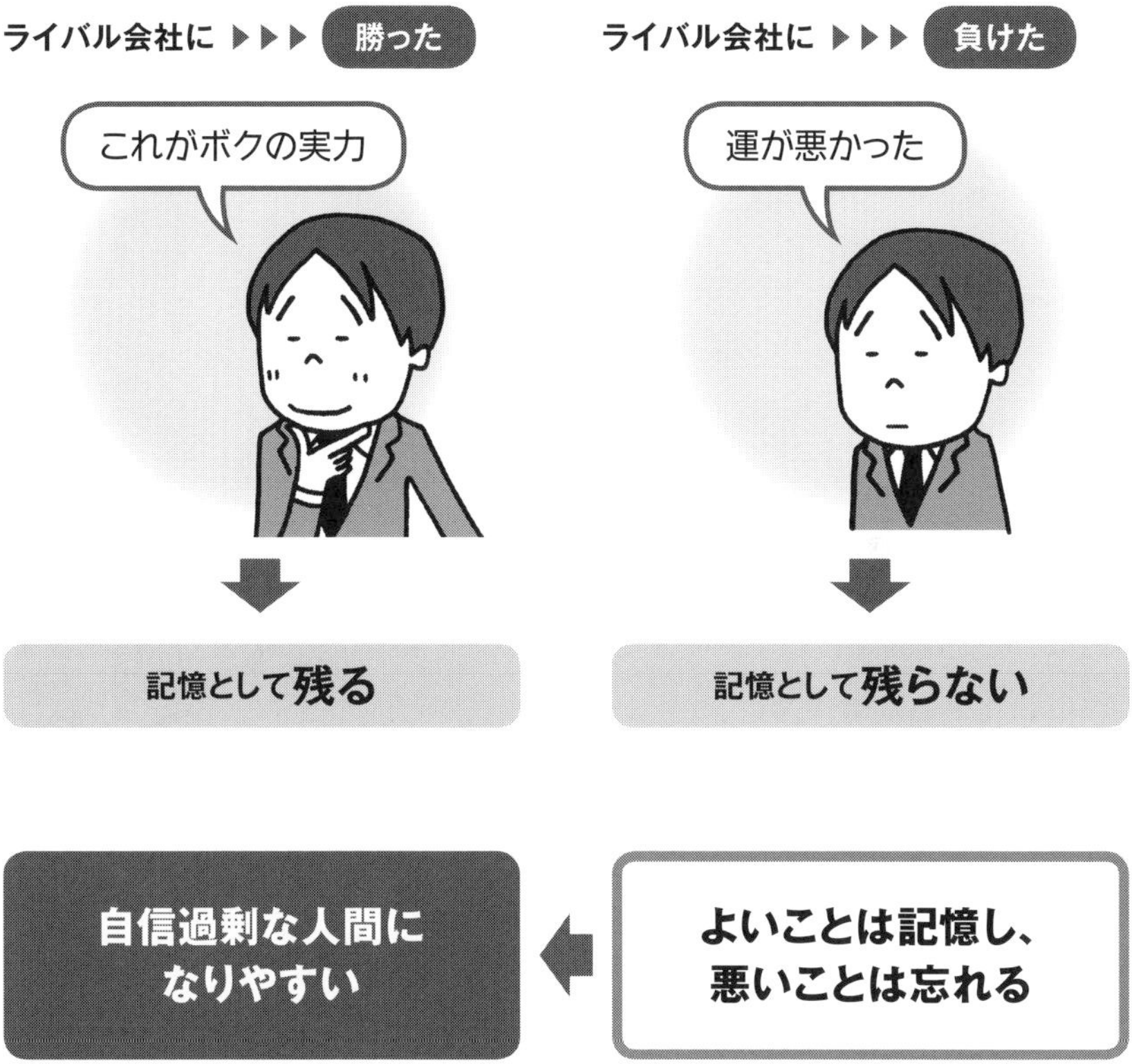
ライバル会社に ▶▶▶ 勝った
ライバル会社に ▶▶▶ 負けた
これがボクの実力
運が悪かった
記憶として残る
記憶として残らない
自信過剰な人間になりやすい
よいことは記憶し、悪いことは忘れる

で勝ちとった」と思う人が多いのです。人は**無意識のうちに自分に都合のよい解釈をしています。**こうした傾向を行動経済学では**自己奉仕バイアス**と呼んでいます。

Column 解釈だけでなく、記憶さえ変える

自己奉仕バイアスは解釈だけでなく、記憶さえ変えてしまいます。近年の研究で、楽しかったこと、成功したこと、称賛を浴びたことなどは記憶に残りやすいのですが、反対に、辛かったこと、失敗やミスをしたこと、非難されたことなどは記憶から消えやすいことがわかりました。

実力を過信してリスクを過小評価する

自信過剰は投資で失敗する〈不適切な問題行動〉

自信のある人は過剰に売買し、リスクに鈍感なので、投資に失敗しやすい。

普通の人は、たいてい自信過剰

行動経済学では、**自信過剰**に関する研究が蓄積されてきました。たとえば、「あなたは平均的なドライバーと比べて運転が上手だと思いますか」といった質問をした実験では7～8割ぐらいの人が「はい」と答えました。普通の人は、たいてい自信過剰であることがわかります。

行動経済学においては、自信過剰を**不適切な問題行動**として捉えています。たとえば、**行動ファイナンス**（認知心理学や心理学のツールを使ったファイナンス理論）の分野では、**自信過剰な人は投資に失敗しやすい**と考えられています。理由として、第一に自信過剰な人は株式投資でも**過剰に売買してしまいがち**で、売買手数料などを差し引くと平均的な投資家より運用パフォーマンスが劣るためです。そして、第二に、自分の実力を過信するあまり、**リスクを過小評価する傾向がある**ことなどが挙げられます。自信過剰な人はリスクが顕在化したときに対応が遅れ、株価が暴落してもなかなか損切りができません。

Column

行動ファイナンスは行動経済学の一分野

行動ファイナンスは株式市場で「アノマリー（現実と合わない事例）」が次々に報告されたことから、それを解明するために生まれた学問分野です。人々が合理的に行動するという従来のファイナンス理論の前提を捨て、さまざまな不合理行動からアノマリーが生じることを明らかにした、行動経済学の一分野です。

自信過剰のメリット

行動経済学では自信過剰を不適切な問題行動としていますが、自信過剰がプラスに働くことも少なくありません。

自信過剰な人は他の人よりも自分を高く評価し、自分の将来に対しても楽観的に考えている。また、他の人より幸せになると考える（ポジティブ・イリュージョン）。

ポジティブ・イリュージョンを持つ人には、以下の傾向が見られる。

❶ 自尊心が高く保たれる

❷ 何事にも積極的になる

❸ 余裕があるため他の人にも温かく接する

❹ 人間関係が良好に保たれる

❺「どんな問題があっても解決できる」と信じている

❻ 決断力や実行力に優れる

うおおおおおおお！

逆に、自信を喪失すると自己肯定感がなくなり、何ごとにも消極的で人間関係もうまく保てません。個人にスポットライトを当てれば、自信喪失のほうがよほど深刻な問題を引き起こします

第**5**章

賢い選択ができないのはなぜ？

～理性の限界による不合理行動

私たちは状況を理解したり推論したりするとき、また、計画を立てたり総合的な判断をしたりするとき、無意識や本能で判断（システムⅠ）せず、「意識」して判断します（システムⅡ）。ただし、このシステムⅡがうまく働かず、熟考したにもかかわらず結果的に不合理な行動をしてしまうことがあります（理性の限界による不合理行動）。本章では、こうした「よく考えたうえで選択してしまう不合理行動」のメカニズムについて解説します。

どちらが得かわからなくなる〈貨幣錯覚〉

よく考えて行動したにもかかわらず、不合理行動を起こしてしまうことがある。

考えた結果、間違った選択をする

第5章では**理性の限界による不合理行動**を取り上げます。これはようするに、これまでに紹介してきた、無意識のうちに行ってしまう不合理行動（認知的節約、本能的評価、近視眼的な本能、不確実性）によってではなく、システムⅡ（意識下のシステム、P26）を使って熟慮したにもかかわらず、結果的に不合理な行動をとってしまうケースのことです。

最初に取り上げるのは**貨幣錯覚**です。具体例で見てみましょう。次の2つのケースのうち、あなたにとって望ましいのは、どちらでしょうか。

Ⓐモノの値段（物価）が毎年20％上がっているインフレのとき、給料が10％上がる

Ⓑモノの値段が毎年10％下がっているデフレのとき、給料が5％下がる

両者を冷静に比べると、Ⓑのケースのほうが望ましいことが多いのですが（左ページ参照）、大半の人が、給料が「10％上がる」と「5％下がる」のところを比較してⒶを選んでしまいます。これが、貨幣錯覚の典型的な例です。

Column

値段の変動についていけない

現在、貨幣の量は日本銀行がコントロールしています。日銀が貨幣の量を増やせば物価は上がり、量を減らせば物価は下がります。モノの値段が急激に上がったり下がったりすると、一般の人は、適正な値段や給料の水準がわからなくなり、うまく対応できません。そして、モノの値段が変化していることよりも自分の給料に固執してしまい、貨幣錯覚が起こります。

実質賃金上昇率は、どちらが上?

次の2つのケースのうち、あなたにとって望ましいのは、どちらでしょう。

Ⓐ モノの値段（物価）が毎年20％上がっているインフレのとき、給料が10％上がる

Ⓑ モノの値段が毎年10％下がっているデフレのとき、給料が5％下がる

●「実質賃金上昇率」＝給料の変化率から物価の変化率を引いたもの

➡ **給料の変化率** － **物価の変化率** ＝ **実質賃金上昇率**

●Ⓐのほうは給料が10％しか上がらないのにモノの値段は20％上がっており、家計は今より圧迫される。

➡ **10％** － **20％** ＝ **－10％**

●対してⒷのほうは給料が5％下がるが、モノの値段は10％下がっており、家計は今より楽になる。

➡ **－5％** － **(－10％)** ＝ **5％**

Ⓐは－10％、Ⓑは＋5％で、Ⓑのほうがはるかにプラスになる。
実質賃金上昇率が大きいほうが多くの人にとって望ましい。

「給料が10％上がる＞給料が5％下がる」と考えるわけです

冷静に考えると、Ⓑのほうが圧倒的にトクだということがわかりますが、多くの人は単純に「給料が10％上がる」と「給料が5％下がる」を比較して、「上がるほうがいい」と考え、Ⓐのほうを選びます

※ただし、物価が下がっても返済額は変わらないため、住宅ローンなど借金を抱えている人にとってはⒶのほうが望ましい。

選択されなかったものにも価値はある

視野が狭いと損をする〈機会費用の軽視〉

あっ バーゲンだ
並んじゃおうかな
バイトに行くんだろ 並んでたら 間に合わないよ
SALE
欲しかった ブランドの セールなの
どうしよう… 休んじゃおうかな
そのブランド 今日しか買えないの
そういうわけじゃ ないけど 欲しかった 7000円の財布が 半額の3500円よ
3500円の トクか
ところで バイトの時給は?
1000円 今日6時間 働いたら 6000円

何かを選択する＝何かをあきらめる。選ばれなかったほうから得られた利益もあるはず。

複数の選択肢から、ひとつを選ぶ

私たちの毎日は**意思決定**の連続です。買い物ひとつとっても、使えるお金は限られていますから、欲しいものをすべて買うわけにはいきません。何を買い、何を買わないかを決めるのが意思決定です。通常、選択肢は複数ありますから、意思決定とは複数の候補から、ひとつ、もしくは、いくつかを選び出すことだといえます。

反対に、**ひとつの選択肢を選ぶということは、他の選択肢をあきらめること**だともいえます。当然、選ば

れなかったものにも価値がありますから、それは**費用**（選ばれなかったものを選んでいれば得られたはずの利益＝**失った利益**）と考えます。これを**機会費用**と呼びます。

Column

機会費用を軽視した選択があふれている

機会費用とは、「ある選択をしているとき、あきらめている選択肢がある。このあきらめた選択肢からの利益（機会費用）のほうが、選ぼうとしている選択肢の利益よりも高ければその選択をしないほうがよい」ということです。パチンコをして儲かったと言っている人は、その時間に働いて得られるお金のことを無視しています。認知能力限界から私たちの視野は狭くなりがちですが、客観的に見ると機会費用を軽視した選択は日常にあふれています。

機会費用を意識して賢く投資

資産運用で大事なことは、特定の資産に固執せず投資対象への視野を広げること。

機会費用の軽視と資産価値評価の誤り

賢い選択をするためには広い視野を持ち、すぐには思いつかない選択肢も考慮に入れる必要があります。ただ、**同時に多数のものごとを考えるのは、きわめて困難**です。そのため、買い物をしていていったんある商品を気に入ってしまうと、それ以外の商品と比較するよりも商品を「買うか・買わないか」という二者択一になってしまいます。

左ページの選択問題を見てください。地方公共団体発行の「コンソル公債」（満期がなく、所有者に毎年一定額の支払いをする債券）を用いたこのケースでは、実は、問題を読んだだけでは答えを出せません。機会費用、すなわち代わりとなる資産運用手段（金融商品）にどのようなものがあるのかを考える必要があります。その資産運用手段とコンソル公債を比較することで、コンソル公債に投資すべきかどうか（コンソル公債が、いくらであれば購入してもよいか）がはっきりします。「やるか、やらないか」の二者択一は極力避けて、選択肢を増やすことを心がけましょう。

Column

機会費用の無視がサンクコストの呪縛を深刻化させる

いったん、ものごとをスタートさせると、「失敗したくない」「ここまで使った費用がもったいない」という「サンクコストの呪縛（P78）」にとらわれ、なかなか「継続することで犠牲になってしまった機会費用」に目がいきません。逆に、機会費用の無視がサンクコストの呪縛を深刻化させていると考えることもできます。

200万円のコンソル公債を買いますか？

コンソル公債とは満期がなく、その所有者に毎年一定額の支払いをする債券です。今、あなたは「1年に1万円を所有者に永久に払い続ける」コンソル公債を200万円で購入できるチャンスに恵まれました。あなたなら、このコンソル公債を買いますか？

コンソル公債を購入すれば

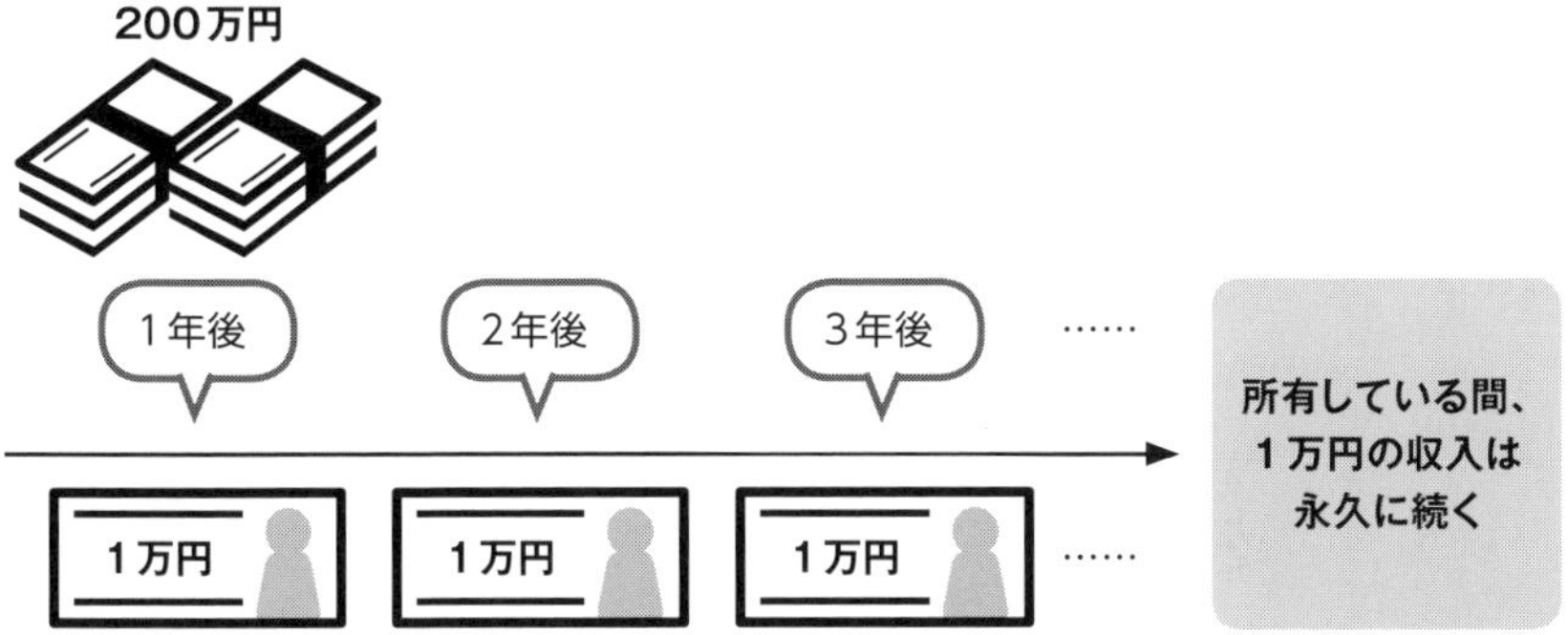

コンソル公債を買うことで受け取れるお金には上限がないので、200万円は安いような気がしますが、実は、上の問題文だけでは結論は出せません。こうした場合、機会費用の考え方を導入し、代わりとなる資産運用手段を考えることでコンソル公債の適正価格が見えてきます。たとえば、資産運用手段として年利1％の銀行預金があるとすると、コンソル公債の適正価格はたかだか100万円であることがわかります。

代わりとなる資産運用手段　例）預金金利が年率1％の銀行に預金する

→100万円預ければ、毎年その1％の1万円の金利がつく

100万円を年利1％の銀行預金で運用することで、コンソル公債と同じだけの収入を生み出すことができる。つまり、コンソル公債の価値は100万円を超えることはないので、200万円は高すぎるといえる（ちなみにコンソル公債以外の投資機会の運用利回りが0.5％以下ならば、コンソル公債の価値は200万円よりも高くなる）。

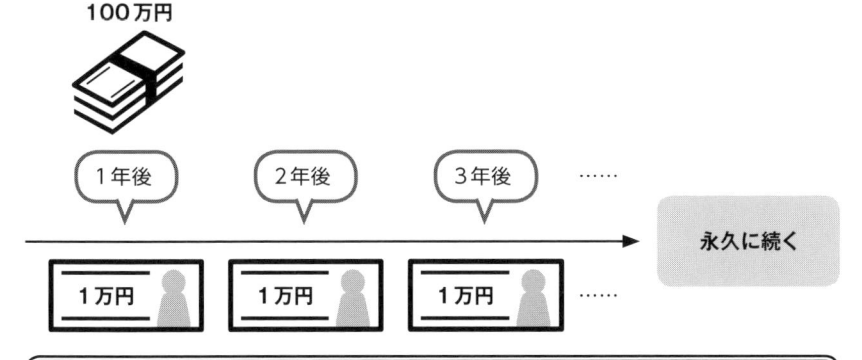

中長期的な視野に立てない〈時間的な視野〉

短期的な利益に目がくらんでしまい、中長期的な目的を達成できないこともある。

長期的に何も残らず時間の無駄に

視野の狭さを考える際に、深刻なものとして考えなければならないのが**時間的な視野**です。私たちは意思決定する際、短期的な結果や影響に関しては、ある程度、予期したうえで選択しています。「これをすれば、こうした結果を招くだろう」「こういう手を打てば、次は、ああいうことが起きるだろう」と、おおよその未来を想定したうえで、判断したり、行動に移したりしています。

ところが、中長期的な結果や影響に関しては、なかなか考えが及びません。きちんとシステムⅡ（P26）を使って、じっくりと考えたうえで、計画を立て、いろいろなリスクに対しても手を打ちます。ところが、実際に行動に移してみると想定どおりにいかず、「あのとき、あんなことをしなければよかった」と後悔することも少なくありません。特に、**短期的な利益と中長期的な利益が背反する場合、短期的には目的を達成して利益を得られたものの、長期的には目的は達成できず、大きな損失を抱えてしまう**こともあります。私たちは時間的な視野も広げる必要があります。

Column 影響とリスクも配慮

長期的な視野で考える場合、「目的を達成できるかどうか」に加え、「その選択肢を選んだ場合に生じる影響」と「その選択肢を選んだことによるリスク」を考える必要があります。悪影響やリスクなど負の部分が大きければ、その選択肢を候補から外すべきです。

暗記数学は有効か?

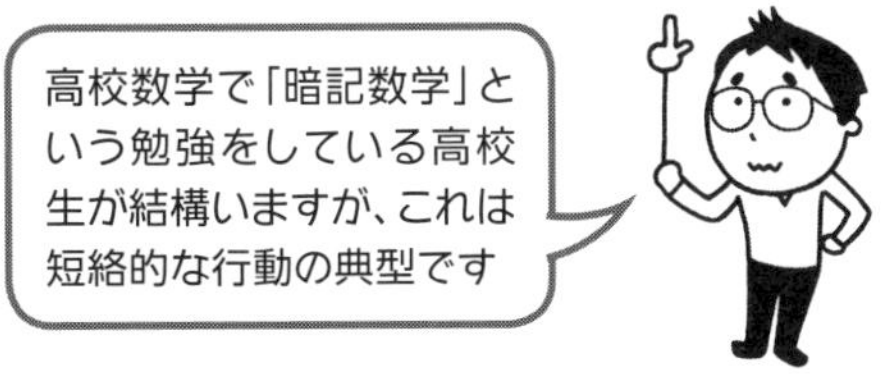
高校数学で「暗記数学」という勉強をしている高校生が結構いますが、これは短絡的な行動の典型です

暗記数学

数学の教科書や参考書に出ている公式や頻出問題の解法を丸暗記して試験に臨む

↓

即効性があり、基礎的な問題は解ける

↓

試験にパスする

↓

その半面、公式の意味を理解しないまま、丸暗記するのは難しく、記憶もあいまいですぐに忘れてしまう

↓

概して基本問題は解けても応用問題には対応できない

↓

長い目で見ると、実力がついていない

↓

暗記するために費やした時間が無駄になってしまう

実はこれでなんとか数学の単位を取ったんだ
私も…
時間的な視野の狭さが引き起こす短絡的な行動といえます

長期的にものごとを見る意識

短期的に見るとメリットはあっても、長期的にはデメリットが大きいこともある。

高額の研究開発費をまかなえない

時間的な視野の狭さについて、別の例で見てみましょう。たとえば、製薬会社の新薬開発です。新薬の開発には莫大な時間とお金がかかるので、それをまかなうためには高値で販売しなければなりません。それができるように、新薬は必ず特許をとります（特許をとれば他社が安価に販売できない）。

では、特許を認めず安価に薬が提供されるようになれば、皆がハッピーになれるかといえば、そうではありません。**短期的には安い価格で薬を手に入れられるというメリットがありますが、製薬会社は高額の研究開発費をまかなえなくなるので、別の新薬を開発することができません。**「弱者の保護」を錦の御旗にして短期的なメリットを追求しても、長期的に見れば社会全体の損失になることもあります。

では、お金がないと人は新薬を買えないかというと、そうではありません。患者に対する公的助成を充実させるなど別の方策を考えればいいのです。このように**長期的にものごとを見る意識**を持つことが大切なのです。

Column

もとの状態より悪くなることも

ある問題に対してAという施策をとることで、Bという結果が得られました。短期的な視野は、ここまでしか及びません。ところが、Bが起きたことによって、CやDという新たな問題が生じてしまい、もとの状態より悪くなることがあります。こうしたことを防ぐためには長期的な視野が不可欠です。

長期的視野の必要性 ―「最低賃金法」のメリットとデメリット

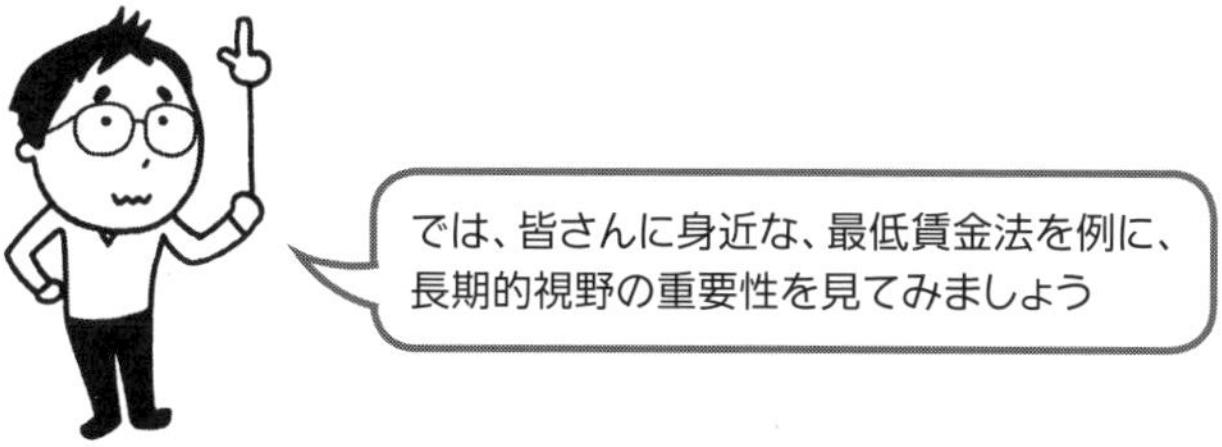
では、皆さんに身近な、最低賃金法を例に、
長期的視野の重要性を見てみましょう

パート、アルバイトなど低所得で働く弱者の救済のために「最低賃金法」が導入された

↓

短期的には最低賃金が上がり、低所得者にとっては喜ばしい

↓

企業は人件費の総額を上昇させたくない

↓

採用する人数をしぼるようになる。たとえば、今まで10人雇っていたのに、8人に抑え、人件費の総額を上昇させないようにする

↓

A社の場合	人件費の総額　100万円以内／月	
	従来	月給10万円で、10人雇っていた
	施行後	月給15万円になり、6人しか雇えなくなった

↓

長い目で見ると、雇用の枠が狭くなり、失業者を増やしてしまう

↓

弱者の保護を安易に考えると、長期的には社会全体のデメリットを生む可能性がある

自分の利益ばかりを追わない？〈利他的行動〉

不合理行動と並ぶ行動経済学の大きなテーマ、利他的行動と協力行動に焦点をあてる。

利己的と思えない行動をとる

本書ではこれまでにさまざまな「不合理行動」を取り上げましたが、ここからは不合理行動と並び、行動経済学の大きなテーマである**利他的行動と協力行動**に焦点をあてます。伝統的な経済学では人間は利己的に行動する（自分の利益を最大化しようとする）と考えましたが、実際の世の中を見ると、必ずしもそうではありません。

売ったり買ったりといった単純な経済行動だけを見ると、利益を上げようと利己的に振る舞っていますが、経済行動の範囲を少し広げると、違った側面が見えてきます。たとえば、会社の中では同僚や上司、部下と協力し合い、勝手気ままに行動することはありません。

困っている人を助けるために寄付をしたり、自分が所属している企業や集団を守るために自分を犠牲にしたりするなど、とうてい利己的とは思えない行動をとります。人間が必ずしも利己的に行動していないとしたら、伝統的な経済学の立場を根本から見直す必要があります。

Column 利他的行動の典型は寄付行為

利他的行動は他人の利益のために行動することをいいますが、その典型は寄付行為です。テレビなどでキャンペーンを行えば、わずか1日で相当な額の寄付金が集まります。匿名での寄付も多く、見返りもありませんから、少なくない人が純粋な気持ちで利他的行動をとっていることがわかります。

利他的行動と協力行動が注目を集める理由

利他的行動と協力行動が注目を集めている理由は、2つあります

そのひとつが、伝統的な経済学の仮定は正しかったかどうか検証するためです

伝統的な経済学では「人間は利己的に行動する」と仮定していることから、利他的行動や協力行動は、まともに論じられてこなかった。

あの人を助けたんだから、何らかのお礼があるに違いない
見返りを期待
自分
あの人を助けないと、○○さんに叱られるから
制裁が怖い
利他的行動
他人

ただし、もう二度と会うことのない人に便宜を図ったり、見知らぬ他人を助けたりすることもある

自分の利益だけを考えて行動しているわけではない

人は純粋な動機で、利他的行動や協力行動に取り組む

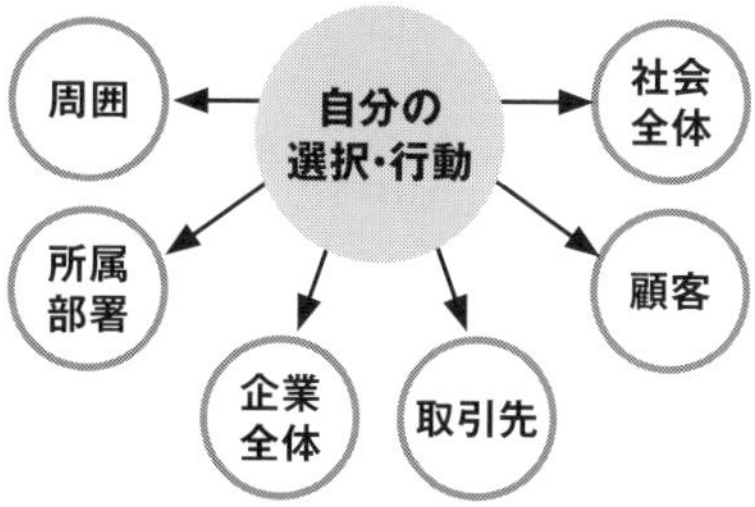
自分の選択・行動
周囲
社会全体
所属部署
顧客
企業全体
取引先

もうひとつの理由は経済学で扱う選択や行動の多くが、自分だけでなく、周囲や所属している部署、企業全体、取引先、顧客、社会全体に影響を与えるからです

人は制限こそあるものの自由意思を持っている。自分の利益だけを考えて利己的に振る舞うこともできれば、他人の利益のために利他的に振る舞うこともできる。

利他的に見えて実は利己的？〈擬似的利他性〉

利他的行動や協力行動に見えても、「利己的な目的」が潜んでいる場合がある。

自分のために共存共栄の戦略を選択

一見して利他的行動や協力行動と思えるものの、別の角度や長期的な視野で見ると、やはり、そこには「利己的な目的」が潜んでいる場合があります。ひとつは、**お返しやお礼など、何らかの見返りを期待しての行動**です。たとえば、「今、この人を助けておけば、将来、助けてもらえる」と無意識のうちに考えているわけです。

もうひとつは**制裁を恐れて利他的行動をとるケース**があります。自分

の利益に走ったり、身勝手な行動をとったりすると周囲や自分が属している集団が受け入れてくれず、場合によっては罰せられることもあるため、やむなく利他的行動や協力行動をとっていると考えられます。

Column

称賛を期待した利他的行動も

利他的行動や協力行動の中には称賛や名誉を期待した行動もあります。周囲にほめられたり、名声や栄誉を得たりしたいがために利他的行動に励むケースです。他人に尽くすことを称賛や名誉を得るための手段としているので、本来の利他的行動ではありません。

利己的行動に潜むリスク

集団生活においては利他的行動が、ビジネスにおいては利己的行動が重視される。

ルールの異なる2つの世界が共存

多くの人は見返りや制裁がなくとも、集団生活の中では利他的に振る舞うことが多いのですが、**ビジネスの世界では利己的に振る舞うことが当然**とされています。企業は利益を追求しますし、消費者は、できるだけ安い商品を手に入れようとします。**利益**に大きな価値を置くからこそ、合理的な判断や行動がなされ、経済が円滑に回っているともいえます。

集団生活の中では利他的な行動が重視され、ビジネスの世界では利己的な行動が利益を生みます。世の中にはルールの異なる**2つの世界**が共存しているのです。集団生活に軸足を置く人は利他的な行動をとりやすく、ビジネスに軸足を置く人は無意識のうちに利己的な行動をしているものです。経済環境が悪化し、企業内でも競争が強調されるようになると、利他的な行動は影を潜めます。自分本位の行動が増え、**「利己的に行動して何が悪い」**と考える人も増加します。ただし、利己的な行動は**理性の限界**に左右されるという大きなリスクを抱えており、なかなかベストな選択ができません。

Column

利己的な行動にはリスクがある

利己的な行動のリスクとは「理性の限界による不合理行動（P116 参照）」に陥ることです。人は将来のこととなると視野が狭くなるので、短期的な利益になる行動は簡単に見つけられても、長期的に見て望ましい行動は、なかなか見つけられません。儲からないからといって付き合いをやめた取引先がやがて大きな企業へと成長し、その頃には相手にしてもらえなかった…などという場合がその典型です。

利己的な行動のリスク

利己的な行動 ▶ 理性に限界があることから不合理行動を招きやすい ▶ 認知能力が限られているので、短期的な利益を生む行動は見つけやすいが、長期的に望ましい行動をなかなか見つけられない

顧客
家族との関係
近隣の住民
職場の同僚
取引先

目先の利益に目を奪われ、関係を悪化させる

↓

大きな果実をつぶしてしまう

どんなに経済環境が変わっても、
利他的行動や協力行動から利益が生み出される構図は変わらない

顧客
家族との関係
近隣の住民
職場の同僚
取引先

協力関係を維持する

↓

果実を享受できる／困ったときに助けてくれる／楽しみや喜びが与えられる

第6章

利他的行動を選ぶ理由

〜ゲーム理論と行動経済学

ボクも
私も… 門限あるし
わら わら
お先に!
お先に!
そうそう もう悪あがきは しないよ、きっと
隠れていたんですか
さて ここで問題です 次のうち 最良の選択は どれでしょう
①自分だけ抜け駆けしてレポートを書き、他の人は申し合わせたとおり書くことを自粛する（自分だけ約束を破り追試を逃れる）
②自分も他のみんなもレポートを書くことを自粛する（全員が約束を守り、追試を受ける）
③全員がレポートを書いてくる（全員が約束を破り追試を逃れる）
④自分だけ正直にレポートを書くことを自粛し、他のみんなは抜け駆けして書いてくる（自分だけ約束を守り追試を受ける）
う〜ん ①だと 自分はいいけど 信用を失いそう
④は最悪 ③だとみんなが 助かるけど… どうしよう

長い間、経済学では「人は利己的に行動する」ということが前提となっていました。しかし、現代社会におけるより広範な経済活動を分析しようとすると、例外だらけでその前提では説明ができなくなってしまいます。そもそも、人は、いったい何を目的に行動しているのでしょう。本当に利己的なのでしょうか、それとも利他的なのでしょうか。本章では不合理行動と並んで行動経済学で注目を集めている、利他的行動と協力行動について見ていきます。

ゲーム理論と行動経済学

ゲーム理論は協力行動や利他的行動など、行動経済学の難問を解く道具となる。

社会関係を分析するための便利な道具

数学者の**フォン・ノイマン**は、ゲームとは「意思決定できるプレイヤー」がいて、「ゲームを支配するルール」があり、意思決定に役立つ情報が与えられ、選択可能な戦略（行動）があることとしました。将棋やチェスを思い浮かべてもらえば、わかりやすいでしょう。プレイヤーがいて、駒の動きなどのルールがあり、盤面からは意思決定に必要な情報が与えられていて、次の一手をどう指すか、複数の選択肢から選ぶことができます。そして、相手の行動によって自分の次の行動を変えていかなければならないので、他のプレイヤーの行動を予測する必要があります。このゲームを用いて、2人以上のプレイヤーの意思決定・行動を分析する理論を**ゲーム理論**といいます。

ゲーム理論は、**社会関係の重要な要素だけに注目して問題を単純化し、売り手と買い手、企業と消費者などの利害関係を含む、さまざまな社会関係を分析するのに便利な道具**です。ゲーム理論を使うことで利害関係を俯瞰でき、社会における人間や組織の関係を理解できるようになります。

Column ゲーム理論は大きな武器

ゲーム理論は状況や問題の分析に力を発揮するだけではありません。自分の置かれた状況をゲームとして捉えることで、問題の発生を食い止めたり、直面している問題を解決したりすることも可能になります。

このように、ゲーム理論はあなたにとって大きな武器となりうるのです。

行動経済学とゲーム理論の関係

行動経済学の分析対象

- 売り手と買い手
- 企業と消費者
- さまざまな社会関係

→ **ゲーム理論で解明**

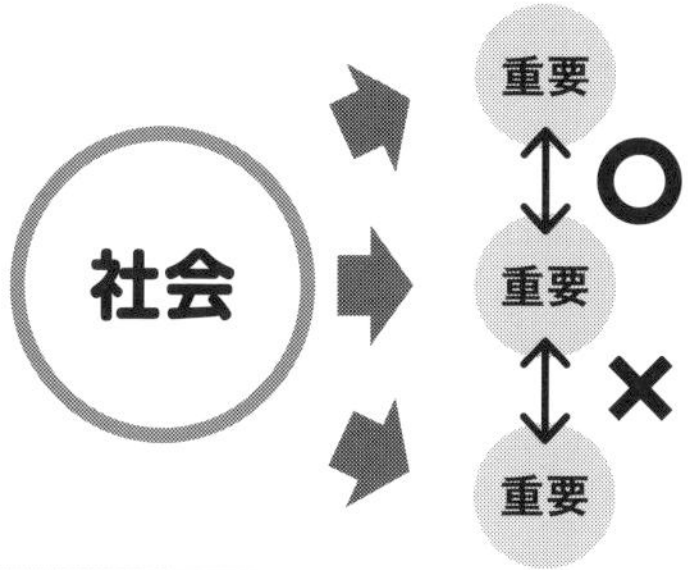

問題を単純化して利害関係を俯瞰

ゲーム理論とは

利害が対立する者同士の関係やかけ引きを分析するためのツール

ゲーム理論の応用範囲

- 対立する2者間の関係
- かけ引きの分析

協力ゲーム理論と非協力ゲーム理論

ゲームには協力ゲームと非協力ゲームがある。協力ゲーム理論とはプレイヤーが裏切る余地がない状況の分析に用いられ、一方、非協力ゲーム理論は互いに裏切りや非協力的が起こりうる状況を分析する。138ページで取り上げる「囚人のジレンマ」というゲームは非協力ゲームの典型で、互いに相手が何を考えているかわからない。

▶**協力ゲーム**　→プレイヤーが互いに相談しながら意思決定できる

▶**非協力ゲーム**→プレイヤーが互いに相談できない。実際の経済分析では、非協力ゲーム理論が用いられる

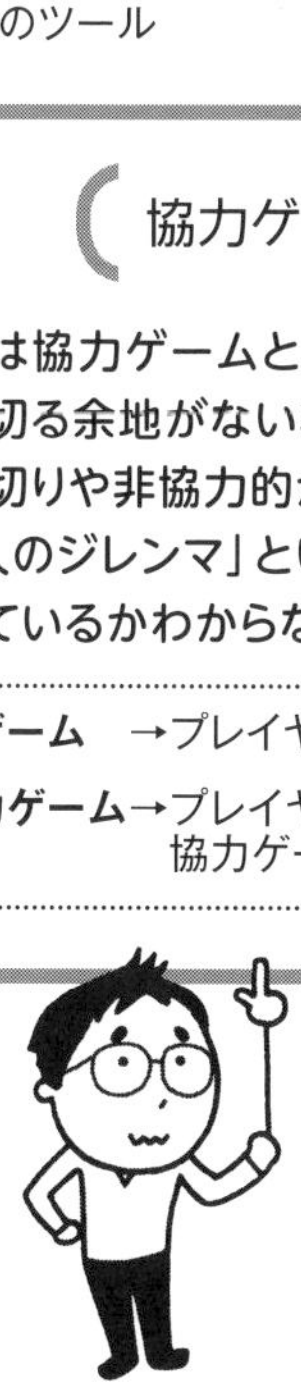

ただし、非協力ゲームであっても何度も繰り返されると、相手の手の内がわかってくるので、互いに協力するのと同じことになります

社会全体の利益のためにゲーム理論を応用

ゲーム理論の使い方

――ゼミの飲み会
ところでレポートの提出期限は明日ですがみなさん大丈夫ですよね
わははは
すっかり忘れてた
それなら遅くならないうちに帰ってレポート書かないと
じゃお先に
えーーっ
どうする?
これから取りかかっても明日までに仕上げるなんてキツイし…
でもこれだけ書いていない人がいるならもしかして提出期限を延ばしてもらえるんじゃないか?
そうだよ今みんなで飲んでいることは先生も知っているわけだし
よし! オレはもうあきらめた! へたなレポートを出すくらいなら追試でも何でも受けるよ
オレも
私も
皆で忘れたらコワくない…

プレイヤーが誰で、どんなルールが支配しているのかを知ることが出発点。

ウィン・ウィンになる方法を考えるための道具

ゲーム理論は、利害関係で自分に有利な選択をすることができるようになるなど、個人の利益のために使うこともできますが、経済学者の多くは**社会全体の利益のため**にゲーム理論を使っています。

社会においては、人々が自分の利益を追求した結果、**ジレンマ**に陥ってしまうことがあります。たとえば、生産量を増やしたために環境を破壊してしまったり、価格競争の果てに、勝利したのはいいが利益が上がらな

くなってしまったりするなどです。
ゲーム理論は、そういうジレンマ状況に対し**俯瞰思考**と**単純化**（P134）によって、**自分にとってベストというだけでなく、相手にとってもメリットのある選択肢を選ぶ、ウイン・ウインになる方法を考えるために使う道具**なのです。

Column 一歩引いた視点で自分を見ないと視野が狭くなる

人は、なかなか「自分にとって最適な選択」ができません。主な理由は、自分がプレイヤーであるため視野が狭くなり、発想の柔軟性が失われてしまうからです。自分にとって利益があると思っていても、それ以上に利益を上げる手があることに気づいていない可能性があります。

裏切るか協力するかの選択〈囚人のジレンマ〉

個人の利益と集団の利益が一致しない場合、自分の利益を選択せざるを得ない。

個人の利益と集団の利益が衝突

長期的な視野と関連して、個人の利益と集団の利益が衝突した場合について見てみましょう。囚人のジレンマという有名なゲームがあります。

2人の囚人AとBが警察から取引を持ちかけられました。取引の内容は次のとおりで、互いに相談はできません。

❶片方が裏切って自白し、もう片方が黙秘した場合、自白したほうは無罪で、黙秘したほうは懲役3年とする

❷AとBがともに相手を裏切って自白した場合、2人とも懲役2年とする

❸AとBがともに黙秘を貫いた場合、2人とも懲役1年とする

結果は無罪、懲役1年、懲役2年、懲役3年のいずれか。**個人として一番いいのは無罪、一番悪いのは懲役3年で、集団として一番いいのは「2人とも懲役1年」**です。ただし、相当の信頼関係がないと黙秘を貫くことは難しく、相手が裏切るリスクを考えると、自分も「裏切って自白する」を選択せざるを得ません。

Column

ゲームとはプレイヤー間で生じる利害関係

ここでいうゲームとは一般的に使われるトランプゲームなどのゲームではなく、複数のプレイヤー（行動主体）間で生じる利害関係のことをいいます。たとえば、あなたと同僚、あなたと会社、勤務先と取引先の関係などはゲーム理論で読み解くことができます。

囚人のジレンマ

2人の囚人AとBが警察から取引を持ちかけられた。それは次のような取引だった。

❶ 片方が裏切って自白し、もう片方が黙秘した場合、自白したほうは無罪で、黙秘したほうは懲役3年とする

❷ AとBがともに相手を裏切って自白した場合、2人とも懲役2年とする

❸ AとBがともに黙秘を貫いた場合、2人とも懲役1年とする

話をわかりやすくするために次のように考える。

無罪のときの利益…………3
懲役1年のときの利益……2
懲役2年のときの利益……1
懲役3年のときの利益……0

AとBは「黙秘する」「自白する」のどちらかを選択する。右記のような表にすることで、2人の選択と利益の関係が明確になる。

Bの行動 ＼ Aの行動	囚人B 協力（黙秘する）		囚人B 裏切り（自白する）	
囚人A 協力（黙秘する）	2	2	0	3
囚人A 裏切り（自白する）	3	0	1	1

2人の囚人が2つの選択肢を持っているので、起こりうる状況は全部で4つ（表の4つのマスに対応）。マスの中の左の数字はAの利益、右の数字はBの利益を表している。

❶ 互いに協力（A、Bとも黙秘）すると、左上のマスのように2+2で、4の利益が得られる。
❷ 1人が黙秘し、1人が裏切る場合、3+0もしくは0+3で、3の利益が得られる。
❸ 両者とも裏切れば（A、Bとも自白）、1+1で、2の利益しか得られない。

互いに相手がどうするか知らないので、相手の判断を読まなければならない。互いが協力すれば最大の利益が得られるが、相手が裏切る可能性もあることを前提にすると、「自分は裏切る」という選択をしてしまいがちになる。

協力すれば、もっと大きな利益が得られるのに、協力できないというジレンマがあることから、囚人のジレンマと名づけられました

ゲームの構造を把握する

ルールを明確にしたうえで、起こりうるあらゆる事態を想定し、選択した内容を比較する。

起こりうるすべての事態を知る

P138で紹介した**囚人のジレンマゲーム**を例に、ゲームの構造について見てみましょう。起こりうるすべてのケースを上のような表にします。AとBという2人のプレイヤーがいて、それぞれ2つの選択肢（黙秘と自白）がありますから、**起こりうる事態は2×2で4通り**です。上の段は囚人Aが黙秘するケース、下の段はAが自白するケース、左の列は囚人Bが黙秘するケース、右の列はBが自白するケースです。

囚人のジレンマをもとにゲームの構造を理解する

P138で紹介した囚人のジレンマゲームを例に、自分が囚人Aだとして囚人Bの行動を考えてみましょう。まず囚人Bが自白した場合、そして黙秘した場合、それぞれどのような対応が考えられますか。

無罪のときの利益……3
懲役1年のときの利益……2
懲役2年のときの利益……1
懲役3年のときの利益……0

囚人A＼囚人B（Aの行動＼Bの行動）	協力（黙秘する）		裏切り（自白する）	
協力（黙秘する）	2	2	0	3
裏切り（自白する）	3	0	1	1

囚人Aの最適戦略とは

囚人Bが自白した場合

囚人Aが自白 → 懲役2年
囚人Aが黙秘 → 懲役3年

懲役3年より懲役2年のほうがマシですから、自白すべきですね

そう。じゃあ、囚人Bが黙秘した場合は、どのようになりますか
囚人Bが黙秘した場合、囚人Aが自白すると無罪、囚人Aも黙秘すると懲役1年です
囚人Bが黙秘した場合
囚人Aが自白 → 無罪
囚人Aが黙秘 → 懲役1年
とすると、囚人Aのとるべき行動は?
懲役1年より無罪のほうが望ましいので、選択の余地はありません。自白することですね。あっ、どっちにしても、囚人Aは自白したほうがいいんですね
そうです。同様のことが囚人Bについても、あてはまりますから、囚人AもBも自白することが、このゲームにおける最良の行動ということになります。ゲーム理論では囚人A・Bの行動予想として「2人とも自白するだろう」と考えるわけです

それぞれのマスの中にある数字は左側が囚人Aの利益、右側が囚人Bの利益を表しています。このように数字で表すことで、各囚人にとって、どれが一番望ましい状態であるかが明らかになります。

Column

相手の思考や行動も予測する必要がある

自分の立場だけで、ものごとを考えていては、ゲーム構造を正しく把握することはできません。相手（他のプレイヤー）の思考や行動についても想像し、ルールに照らし合わせて考えなければなりません。囚人のジレンマゲームなら、AとBという2人のプレイヤーがいて、どのようなルールに制約されているのかを明らかにすることです。

ゲーム予測の最有力候補〈ナッシュ均衡〉

ナッシュ均衡を手がかりに、次にどのような事態が起きるかを予測する。

ナッシュ均衡が重要な手がかり

ゲーム理論は現状の分析に威力を発揮するだけではありません。状況を変えたり、問題を解決したりすることにも大いに役立ちます。そのためにはゲームの構造を把握し、「次に何が起こるか」を予測しなければなりません。ゲームに参加している、それぞれのプレイヤーがどのように行動し、その結果、どのような事態が起きるかを予想するのです。その際、重要な手がかりとなるのが**ナッシュ均衡**の考え方です。

ナッシュ均衡とは**「プレイヤーが相手の戦略に対して最良の行動を取り合っている状態」**のことです。ナッシュ均衡でない状態もありますが、それは「誰かが最良でない行動をとっている」状態ですから、長続きしません。ノーベル経済学賞を受賞した**ジョン・フォーブス・ナッシュ**が提唱したことから、ナッシュ均衡と名づけられました。たとえば、P138で紹介した囚人のジレンマゲームでは「互いに自白する状態」（その結果、2人とも懲役2年になる）が唯一のナッシュ均衡です。

Column

ナッシュ均衡は安定性が高い

ゲーム理論ではナッシュ均衡が、どこにあるか考えることが非常に重要なステップになります。ナッシュ均衡がわかれば、次に起こる事態を、ある程度、想像できるからです。ナッシュ均衡を重視する理由のひとつは安定性が高いこと。互いが最適な行動をとり合っているため、誰かが行動を変えようとする動機を持つことがありません。

囚人のジレンマにおけるナッシュ均衡を見つけるには

以下のステップに沿って、囚人のジレンマにおけるナッシュ均衡を見つけてみましょう。

STEP1 相手の戦略を固定して各プレイヤーの戦略を特定する

STEP2 互いに最適な戦略をとり合っている状態を探す

無罪のときの利益	3
懲役1年のときの利益	2
懲役2年のときの利益	1
懲役3年のときの利益	0

相手の戦略が固定している場合

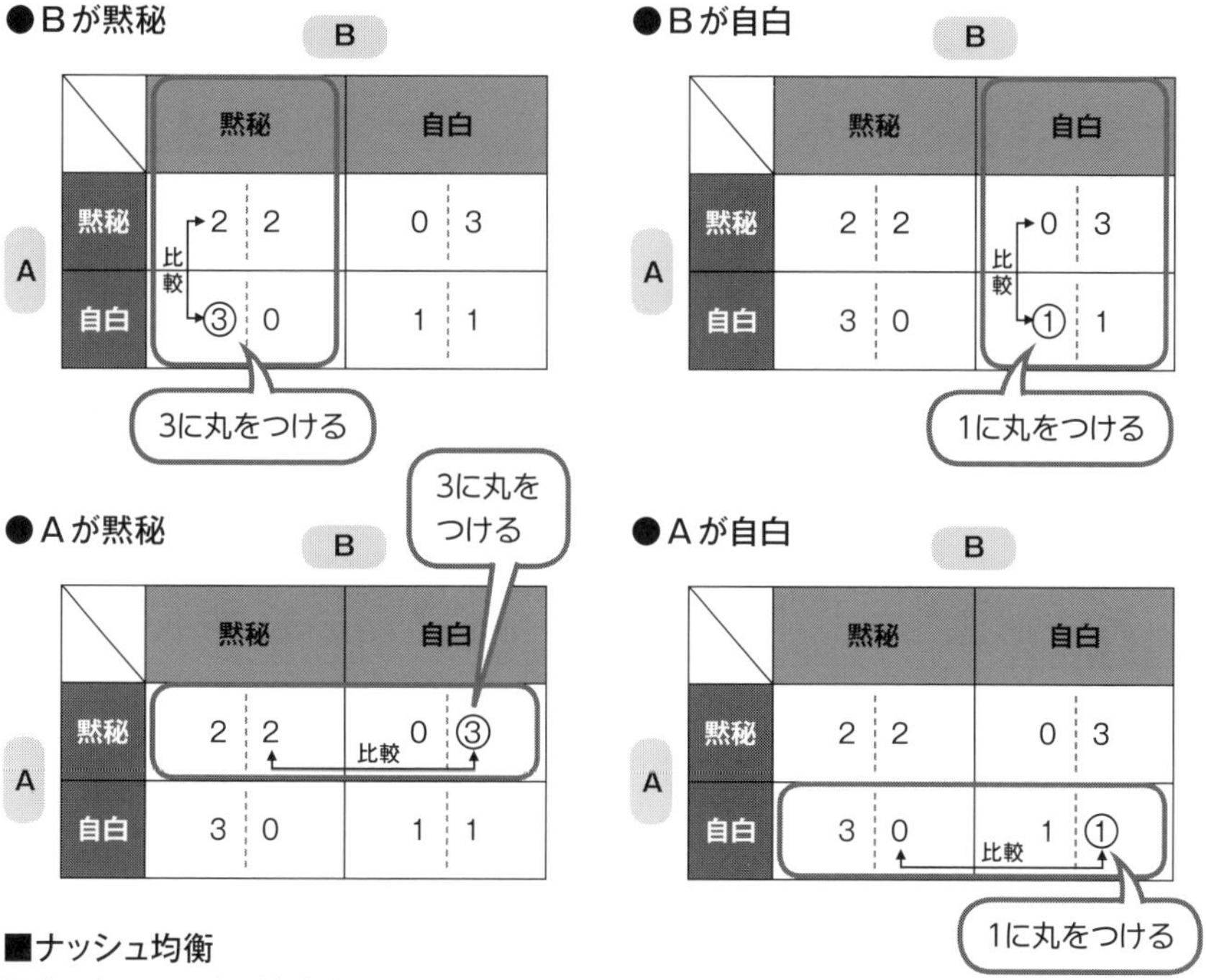

●Bが黙秘
B
A
黙秘
自白
2 2
0 3
③ 0
1 1
比較
3に丸をつける
●Bが自白
B
A
黙秘
自白
2 2
0 3
3 0
① 1
比較
1に丸をつける
●Aが黙秘
B
A
黙秘
自白
2 2
0 ③
3 0
1 1
比較
3に丸をつける
●Aが自白
B
A
黙秘
自白
2 2
0 3
3 0
1 ①
比較
1に丸をつける

■ナッシュ均衡

囚人AとBの双方が自白すれば2人とも懲役２年ですむ。

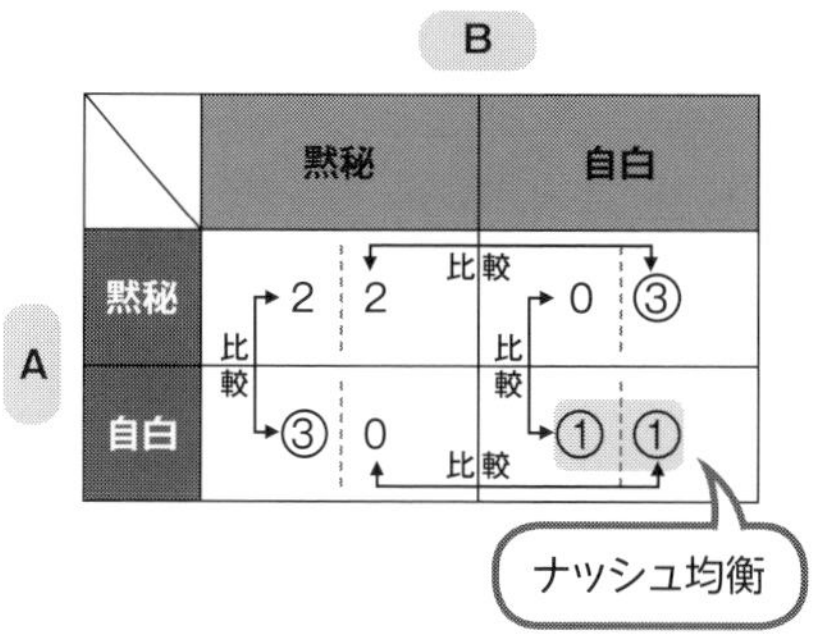

B
A
黙秘
自白
2 2
0 ③
③ 0
① ①
比較
ナッシュ均衡

互いに利己的な行動をとってしまうと、双方にとって最もメリットのある選択肢を選びとることができない。

プレイヤーの視線で見るのと、ゲーム全体を俯瞰するのとでは大きな違いが生じる。

仕返しができれば戦略も変わる〈トリガー戦略〉

同じ状況が何度も繰り返されると、互いに学習し、協力関係が構築されることもある。

仕返し戦略（トリガー戦略）が有効になる

囚人のジレンマは一度きりのゲームでしたが、何度も繰り返された場合、当事者であるAとBの行動は、どのように変わるでしょうか。何度行っても互いに裏切り続ける可能性はありますが、**同じ状況が繰り返されると、2人とも学習し、協力関係が構築される可能性が高くなります。**

というのは何度も繰り返される関係の場合、「裏切ったから、次回からは協力しない」という選択ができるからです。最初に「黙秘する」を選択しても、相手が「裏切る」を選択した場合、自分は利益を得られません（相手は無罪、自分は懲役3年）。すると、次回は自分も「裏切る」を選択し、残りの一方が再び裏切った場合、2人とも懲役2年になります。これを仕返し戦略（**トリガー戦略**）といいます。

長期的には、互いに黙秘して懲役1年を選ぶことが賢明だと判断し、協力関係が続けられることになります。**同じ状況であっても、関係が長期的になるだけで結論が大きく変わってしまう**のです。

Column

継続的な利益が得られない

囚人のジレンマのゲーム構造は、長期的視野の重要性を示しています。短期的な視野によって「相手を裏切る」という選択をするのは一見合理的に見えますが、長期的な視野が欠けています。目先の利益のために協力関係から生じる継続的な利益が得られないのです。

協力関係が生じる理由

囚人のジレンマとよく似た状況は実社会でも、しばしば見られます。

○

赤の他人と協力するのは難しい

↓

多くの人は職場の仲間や近所の人たちと協力関係を維持

↓

好意や友好的な態度に対しては好意や友好的な態度で応える

×

好意や友好的な態度に対して非協力的で身勝手な行動をとってしまう

↓

一度でも非協力的な行動をとった人には周囲は寛容ではない。
厳しい対応が待っている
（トリガー戦略）

↓

長期的な協力関係を築けない

ゆえに、皆が協力するようになるし、社会の協力関係と利益が維持される。

理論どおりの結果にならない

ゲーム理論の実験研究で見つかった謎

面識のない人を集めて囚人のジレンマゲームを実施すると、1回限りでも半数近い人が協力を選ぶ。

多くの人が「裏切り」ではなく「協力」を選んだ

ゲーム理論はもともと数学的な理論だったのですが、とても簡単な構造であることから、実際に人々が理論どおりの行動をするのか検証してみようという動きが出てきました。ゲーム理論の授業で学生の理解を深めるという目的で行われた実験も多々ありますが、とにかくたくさんの実験がなされ、そのいくつかが経済学に大きな影響を与えるようになりました。

とりわけ、よく行われたのが、本書でも紹介してきた**囚人のジレンマゲーム**の実験です。研究者たちは、「双方が協力する（ともに黙秘し、双方とも懲役1年に処される）のが最良の選択」という結果を導き出す囚人のジレンマゲームにおいても、「面識のない相手と1回限り」という条件であれば、互いに「裏切り」（2人とも相手を裏切って自白し、双方とも懲役2年に処されるという選択）を選ぶだろうと考えていました。ところが、実際にやってみると**被験者の多くが「協力」を選ぶことがわかってきた**のです。

こうした、理論予想と異なる実験結果に多くの研究者が困惑しました。

Column

喜んでいる姿を見ると、うれしくなる

ある旧制高校の寮歌に「君が愁（うれ）いに吾は泣き　吾が喜びに君は舞う」とあります。親しい友人や知人でなくても、他の人が喜んでいる姿を見ると、つられてこちらもうれしくなるときがあります。真の利他性は他人の喜びを自分の喜びとすることです。

1回限りの囚人のジレンマゲーム

ゲームのルール

❶ **互いに協力すれば、それぞれが200円もらえる**
❷ **互いに裏切ると、100円しかもらえない**
❸ **片方が裏切り、片方が協力すると、裏切ったほうは300円もらえ、協力したほうは1円ももらえない**

被験者B

Bの行動 / Aの行動	協力		裏切り	
被験者A 協力	200円	200円	0円	300円
被験者A 裏切り	300円	0円	100円	100円

マスの中の数字は、もらえる金額。実際の実験では「協力」とか、「裏切り」とかいった言葉は使わず、選択肢A、選択肢Bといった言葉を使用。

多くの実験を実施、
半数近い人が協力を選んだ。

その理由として「他人の喜びを自分の喜びのように考えて協力した」
という意見があった。
注目ポイントとして、「そのように行動するものだと思った」
という意見もあった。

誠実な人が成功する〈最後通牒ゲーム〉

自分とペアとでお金を分配するゲームで、低い金額を提示されると怒って拒否する人がいた。

300円でも拒否する人がいる

最後通牒ゲームと呼ばれる実験でも、不可解なことが起こりました。集まった人たちを2人1組のペアに分け、片方に1000円を渡し、その1000円を自分とペアになった人で、いくらずつ分けるか提案してもらうゲームでした。提案された側は、その提案を受けるか、受けないかを決めます。受ければ、提案に沿って1000円がペアで分配されます。拒否されたら、1000円はもらえません。

経済学者たちは、「人は自分の利益を最大化しようとする」ため、提案する側は自分の利益を最大化しようと「自分に999円、相手に1円」を提案し、提案された側は拒否したら1円も手に入らないので、1円以上もらえるならその提案を受け入れるはずだと予想しました。

ところが、実際に実験をしてみると、**多くの人が2割～5割程度（200円～500円）を相手に与える提案をし、提案された側は1割～3割程度（100円～300円）の提案でも拒否することがある**ことがわかったのです。

Column 利他的行動の研究を大きく飛躍させた

最後通牒ゲームは利他的行動と協力行動の研究を大きく飛躍させることになりました。特に提案された側の拒否行動は経済学者たちの予想をくつがえすものでした。利己的な動機によるものであれば、たとえ1円であっても、少しでも利益になる行動を選ぶはずだったからです。

最後通牒ゲーム

ゲームのルール

❶ 集まった人たちを2人1組のペアに分け、片方に1000円を渡す

❷ その1000円を自分とペアになった人で、いくらずつ分けるか提案してもらう

❸ 提案された側は、その提案を受けるか、受けないかを決める。受ければ、提案に沿って1000円がペアで分配され、拒否したら、2人とも1円ももらえない

ボクだったら、ボクが1000円、相手にゼロ円かな

でも、それじゃ絶対に相手が拒否するでしょ。拒否しそうもない金額を提案しなきゃ

じゃ、相手に1000円、ボクにゼロ円

相手は絶対にOKするけど、あなたの利益にならないでしょ。自分も得をして、相手も得をする提案をしなきゃ

結果

提案した側

相手に100円以上分け与える人が多数派だった。
なかには相手に500円近くを分配する人もいた

↓

「相手に拒否されたら、元も子もない」と考えた

提案された側

200円の提案も拒否する人が多かった。
なかには300円の提案でも拒否する人がいた

↓

自分に対し、少ない分配しかなかったことに、怒りや不公平感をおぼえ、提案を拒否した。自分を犠牲にしても相手を制裁しなければならないと感じた

人は、不公平だと感じたら、自分が損をしてでもそれを罰しようと考えることがあります
「経済合理性」だけではこうした行動は説明できません。このような心理について、次項でもう少し見てみましょう

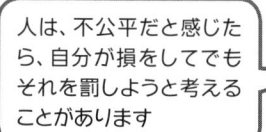

独裁者なのに相手を思いやる？〈独裁者ゲーム〉

相手の意思は確認しないので、いくらでもよかったはずだが、意外にも高額を提案した。

最後通牒ゲームの場合、相手に提案する金額が比較的高額になるのは、あまりに少ない利益しか提案しなかった場合、相手がバカにされたと感じ、こちらへの制裁として受け取りを拒否する可能性があるからですね
ボクなら、たとえ1円でも喜んで受け取りますが
でも、たいていの人はプライドや自尊心があるから、あまりに少ない金額が提示されると、不公平感や不満をおぼえたりする
だから、独裁者ゲームでは提案する側（独裁者）が決定するだけで、提案される側は拒否できないことにしたんですね

提案される側は拒否できない

最後通牒ゲームで、提案する側が高額を提示する理由が「相手に拒否されたら自分も受け取れない」という利己的な動機だったかどうか確認するために、経済学者たちは**独裁者ゲーム**と呼ばれる実験を行いました。

最後通牒ゲームと同様、1000円を自分と相手で分配しますが、独裁者ゲームでは相手の意思は確認しません。提案する側が、自分と相手でいくらずつ分配するか決めたら、そのとおり分配されます。提案される

それだと、提案する金額は相当安くなりそうですね。だって、相手は受け入れるしかないわけですから。ボクなら自分を999円、相手を1円にするかな

予想

自分	相手
999円	1円

そう思うだろうが、実際は最後通牒ゲームよりちょっと安くなっただけで、100円以上を分配する人も少なくなかったんだ

なぜですか

実際

自分	相手
900円以下	100円以上

人間は利己心によって行動するだけではないということ。思いやりや同情のような、利他的感情で行動するということを想定せざるを得ないということだね

側には拒否権はなく、たとえ1円であっても受け入れるしかありません。

しかし、このルールでも相手に100円以上分配する人が多くいました。つまり、**利他的な感情**に基づいて分配が行われたと考えられます。

Column

100円以上分配する人が多かった

最後通牒ゲームでは、相手への分配が「制裁を恐れたから」というのであれば、独裁者ゲームの場合は、相手が拒否できない以上、制裁を恐れる必要はありませんから分配が1円であってもおかしくはありません。ところが、100円以上分配する人が多かったということは、分配の動機が、単に利己的なものではなかったことを示しています。

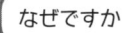

裏切り行為には罰が与えられる

損をしてでも制裁を加えたい心理

ここでは、148ページで扱った「最後通牒ゲーム」における「提案された側」の気持ちを考えてみましょう。たとえば、100円を提案されたAさんが受け取りを拒否したとします。拒否したことで、Aさんは、もらえるはずの100円がもらえないということになります。どうして、みすみす損をするような選択をしたのでしょうか。

Aさんが拒否したことで、提案したBさんも1円も手に入りませんでした。Aさんが100円を受け取っておけば、Bさんは900円を手に入れることができたはずでした。つまり、**Aさんは自分が100円の損をしても、Bさんに900円の損をさせたかったと考えることができます。**実験現場で拒否する人の様子を観察すると、怒りや憤りをあらわにする人が多く見受けられました。100円を「不当な提案」「公平じゃない」と感じていたことがわかります。自分への分配が少なかったのは**社会的正義に反するから、制裁を加えなければならない**と考えたのです。

低い金額を提案されると、不公平な提案と判断し、拒否する人が多かった。

Column 自分の利益を犠牲にして正義を実行

この実験で提案を拒否した人は、私利私欲のためではなく、社会的正義の実現のためだと考えていましたから、自分が損をすることなど、なんでもありません。むしろ、自分の利益を犠牲にしても、不公平な提案をした相手に制裁を加えなければいけないと感じたわけです。

提案する側と提案される側の心理

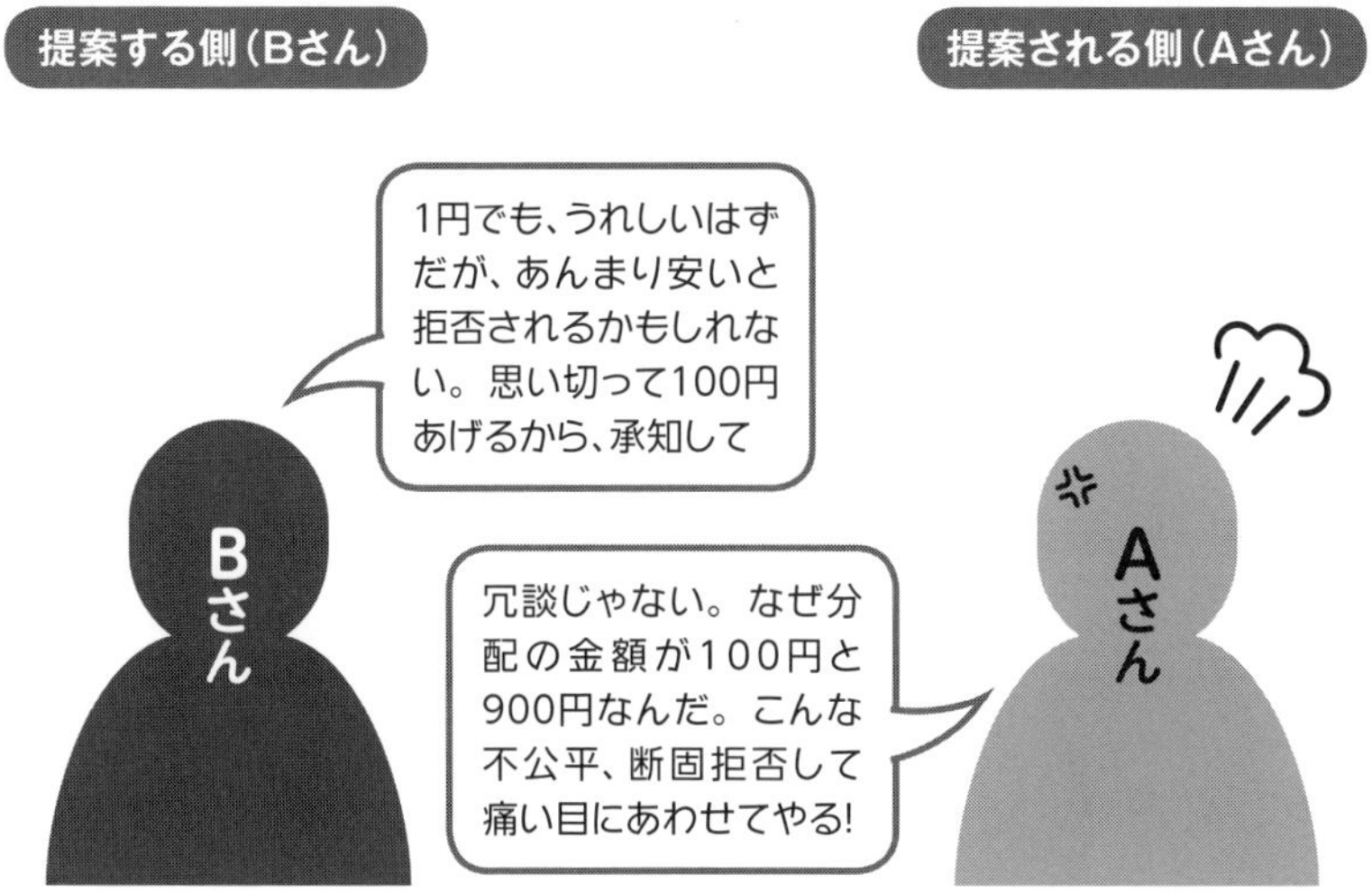

提案する側（Bさん）
提案される側（Aさん）
1円でも、うれしいはずだが、あんまり安いと拒否されるかもしれない。思い切って100円あげるから、承知して
Bさん
冗談じゃない。なぜ分配の金額が100円と900円なんだ。こんな不公平、断固拒否して痛い目にあわせてやる!
Aさん

▶自分（B）　900円
▶相手（A）　100円
を提案 ▶ **A：拒否**

提案される側（Aさん）の心理

少ない分配に対して不公平感や不満をおぼえる

↓

制裁を加える必要がある

↓

自分の利益を犠牲にして、相手に制裁を加えた

共存共栄は自分の利益になる

私たちは無意識のうちに利他的行動や協力行動をとるように学習してきた。

相互の利益のために協力する

なぜ、人は「囚人のジレンマ」ゲームで協力するのでしょうか。なぜ、「最後通牒ゲーム」で相手に多くの分け前を与え、また、なぜ、自分が損をするのに相手からの提案を拒否するのでしょうか。

これらの問いに対する行動経済学的な説明として最も有力なのは、私たちは日常的に囚人のジレンマゲームのような状況を経験しており、そのような状況でどのような行動をとるべきかを、**知らず知らずのうちに学習している**というものです。

互いに協力することで利益が得られる囚人のジレンマゲームのような状況は、実は私たちの社会にはあふれており、しかも、そのような状況が同じような人たちとの間で繰り返される場合には、**相互の利益のために協力をし、裏切り者には自己犠牲をいとわず罰を与える共存共栄の戦略をとることが、長い目で見れば自分にとって利益になります。**私たちは、無意識のうちにこうした行動を学習しているのです。

Column 助け合えば生き延びる確率が高くなる

人は大昔から助け合って生きてきました。人間は単独で見れば弱い動物です。一人ひとりが独立して生きていては強い動物や自然の猛威に立ち向かえません。集まって生活し、役割分担して助け合ったほうが生き延びる確率が高くなり、より多くの収穫を得ることができます。野生動物を狩りで捕まえる必要がなくなった現代においても、この感覚が残っているのです。

無意識のうちに共存共栄を学習

見返りや制裁がなくても、利他的行動や協力行動をするのは、なぜだと思いますか
「無意識」と「学習」がキーワードね。囚人のジレンマゲームで、参加者が「そのように行動するものだと思った」と感想を述べていたけれど、無意識のうちに、そうした行動を学習していたからじゃないでしょうか

共存共栄の心理

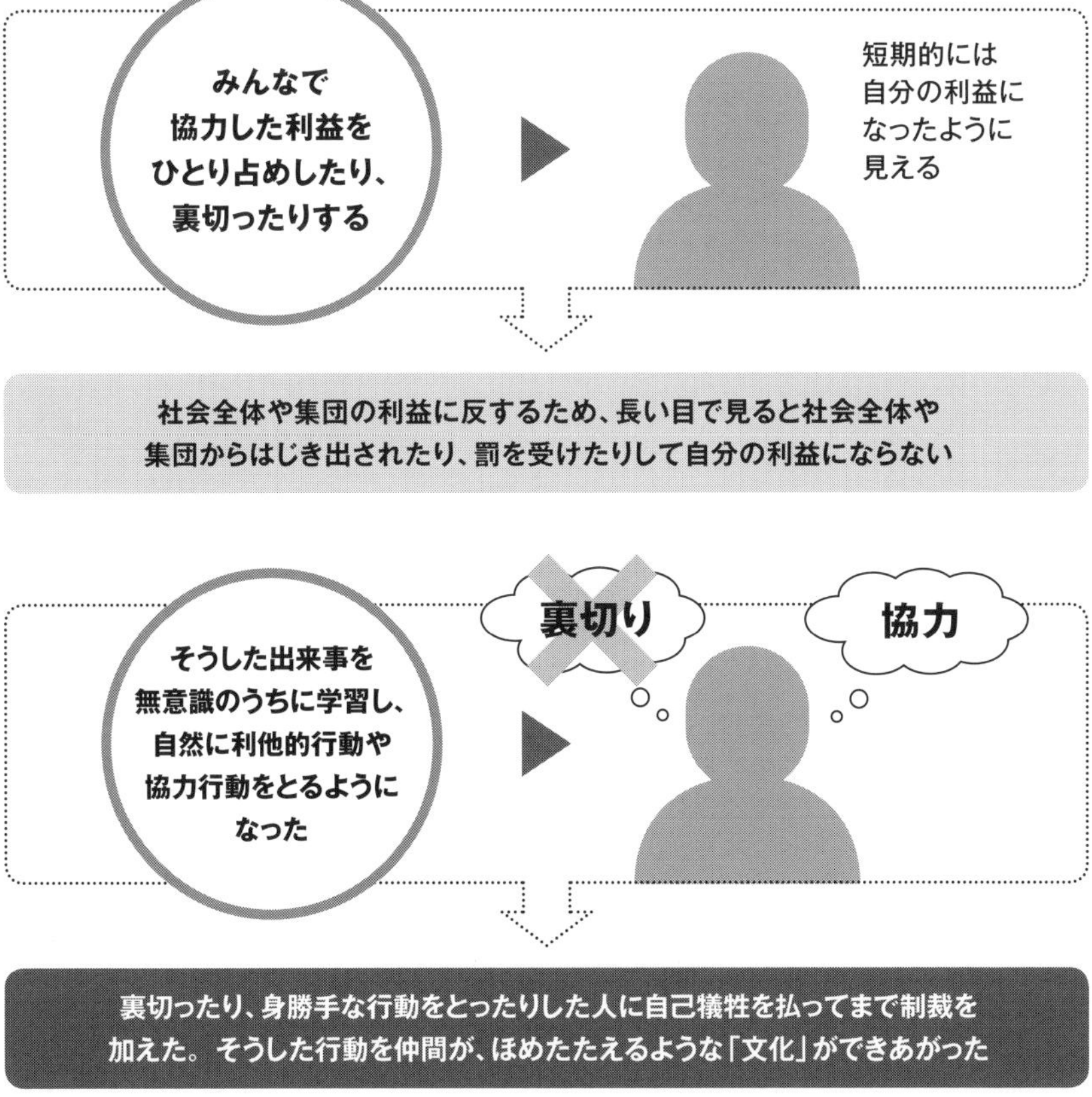
みんなで協力した利益をひとり占めしたり、裏切ったりする
短期的には自分の利益になったように見える
社会全体や集団の利益に反するため、長い目で見ると社会全体や集団からはじき出されたり、罰を受けたりして自分の利益にならない
そうした出来事を無意識のうちに学習し、自然に利他的行動や協力行動をとるようになった
裏切り
協力
裏切ったり、身勝手な行動をとったりした人に自己犠牲を払ってまで制裁を加えた。そうした行動を仲間が、ほめたたえるような「文化」ができあがった

共感や思いやりに欠けるのは「合理的な愚か者」

協力することで、よりよい選択肢を見つけ出すことも、ゲーム理論の目的のひとつ。

どのようにウィン・ウィンの関係を築くか

ゲーム理論は経営やマネージメントの分野では「どのようにして競争相手に勝つか」「いかにして利益を確保するか」といった競争戦略の手段として使用されることが少なくありません。ただ、本来のゲーム理論は相手に勝つことよりも、むしろ**行き詰まった組織や集団を活性化したり、プレイヤー全員にとって、よりよい選択をしたりするために使われると効力を発揮**します。

自分の利益のために、ずる賢く立ちまわって相手をだましたり、出し抜こうとしたりすると、ノーベル経済学賞を受賞した**アマルティア・セン**のいう、共感や思いやりに欠けた**合理的な愚か者**になってしまいます。ビジネスでも日常生活でも、互いの利害が対立し、さまざまな思惑や狙いが絡み合う中、どのようにしてウィン・ウィンの関係を築けばいいのか頭を抱えるときがあります。複雑な問題に直面したときにこそ、ゲーム理論のアプローチが力を発揮します。協調することで、互いにとってよりよい選択肢を見つけ出すことが、ゲーム理論の目的のひとつだからです。

Column

共感の欠けた合理的な愚か者

アマルティア・センは伝統的な経済学が描く人間像には共感や思いやりが欠けており、そのような合理的経済人は「合理的な愚か者」であると批判しました。人間の理性には限界があり、利己的に振る舞う人間は視野が狭く、最終的には惨めな結末を迎えると指摘しました。頭で難しく考えるよりも、他人への思いやりや愛情、正義感といったものに基づくほうが、結局はよい行動ができるということです。

地球温暖化問題をゲーム理論で考える

地球温暖化問題をゲーム理論で考えてみましょう。温暖化を防ぐためには二酸化炭素などの発生を抑える必要があります

そのために京都議定書のような国際的なルールを設定しますが、ルールに従わない国・地域が出てくると、抜け駆けしたほうが経済的なメリットが大きくなるという現状があります

地球環境を守るために二酸化炭素などの排出量を規制

◀

勝手に排出するより、技術的にも、コスト的にも負担

◀

ある国が「二酸化炭素の排出量を規制しない」と宣言し、自国の産業を保護

◀

コストや技術面で、その国の産業は有利。短期的には他国に勝っている状態

◀

長期的に見ると、排出量を規制していないので、その国の環境も悪化。国民が苦しむことになる

◀

さらに長期的に見ると、異常気象が続発するなど地球環境も悪化、その国も広範囲の影響を受ける

地球温暖化問題を大きなゲームと捉え、状況を整理していくと、一国の利益と全体の利益が対立しており、囚人のジレンマとよく似たゲーム構造であることがわかります

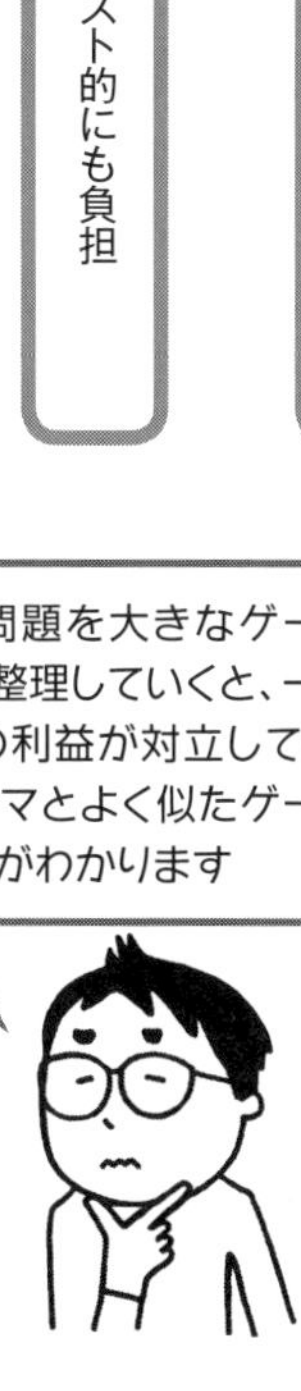

ゲームを支配しているルールを変える

▼

たとえば、排出量が多い国や企業には経済的な罰則を与え、排出量が少ない国や企業には優遇措置をとるなどの施策を採用する（二酸化炭素を多く排出する国・企業にメリットがあるというゲームの構造を変化させた）。

第7章

行動経済学が「常識」を変える

企業は人手が足りなくても人を雇えなくなってしまいます
また人件費の安い国へ進出するしかないのかな
これ以上人件費使えないよ〜
「元気に働ける老後」を目指すという選択肢を視野に入れないと高齢化問題は解決できそうにありませんね
これまでの「常識」や「固定観念」にとらわれない発想をするために行動経済学が役に立つということです

日本は長いこと不況下にありますが、そもそも不況を起こさないようにすることが経済学の使命だという考えがあります。一方で、不況にならないようにすることは不可能だが、それならせめて、不況になったとき、いかにして被害を最小限に留め、経済を回復させるかを考えるためのツールとすべきだ、という考えもあります。行動経済学は、まさにそのようなときに役立つ学問なのです。最後の第７章では、これまでに見てきた行動経済学の研究を、どのように実際の政策に生かしていくべきかを考えます。

ヒットゲームに見られる共通点とは？

行動経済学の視点を導入すれば突破口が見つかる

第7章では、行動経済学の知見が実際の社会や企業の中でどのように生かされているのか、いくつかの事例をご紹介します。伝統的な経済学では解決できなかった問題も行動経済学の視点を導入することで、突破口が見つかったケースもあります。実際、ビジネスの世界では人間の行動や心理に関する研究が熱心に行われ、商品開発や販売促進、広告・宣伝、組織の活性化、人材育成などに活用されています。

たとえば、ゲームメーカーは「子どもたちがどんなゲームに夢中になるか」を徹底して研究しました。その結果、**適切で、明確な目標が設定され、主体的に取り組めるもので、達成感、自己肯定感が得られるゲーム**に人気が集まることを突き止めました（左ページ参照）。自己肯定感とは**自分の生きている価値や存在意義を肯定的に捉えることのできる感情**をいいます。こうした心理に注目すれば、勉強や仕事などに対するモチベーションをアップさせることもでき、仕事や日常生活をレベルアップさせることが可能です。

ゲームメーカーは子どもが夢中になるゲームを研究。ヒットしたゲームの共通点を発見した。

Column

自己肯定感を引き出す「ありがとう」

自己肯定感のない人は、さまざまな問題行動を引き起こすといわれています。人は、自分が必要とされていないと感じるとひどく落ち込んだり、怒りを感じたりするからです。そうならないよう、自己肯定感を引き出すためには「ありがとう」という、ねぎらいの言葉をかけることです。「なんだ、そんなことか」と思われるかもしれませんが、なにげない感謝の言葉をかけられるだけで、「自分は必要とされている」「ここにいていいのだ」と安心できるようになります。

ヒットしたゲームに見られる共通点

そういえば、課長も息子さんがゲームばかりして勉強しないと嘆いていましたね
そうなんだよ。ゲームをやっているときはすごい集中力なのに、勉強となるとなかなか机に向かわないんだよ
ゲーム開発のノウハウを応用してみたら、いかがでしょう
ゲーム開発者たちは子どもが飽きないように必死にゲームを開発しています。そのノウハウは子どもの勉強などにも応用することができるかもしれませんよ

❶ わかりやすく、明確な目標がある

人気ゲームには敵を倒す、速くゴールする、宝物を集めるといった明確な目的･目標がある。

❷ 主体的に行動できる

ゴールにたどりつくまでの過程や方法は自分で選ぶことができる。人間は指示されたり、押しつけられたりすることは嫌うが、自分が選んだことや、やりたいことであれば積極的に取り組む。

❸ 何度失敗しても、また挑戦できる

何度も挑戦しているうちにプレイヤーの経験値が上がり、深く考えなくても上手に操作できるようになる。

❹ 難しすぎず、簡単すぎない

簡単には達成できないが、頑張ればなんとか達成できる難易度に設定。あるレベルを達成したら、「やった」という充実感がわいてくる。そうした充実感を何度も味わえるように、ゲームは小目標を少しずつ達成しながら大きな目標に近づいていくようになっている。

❺ 目標を達成するとほめられる

小目標が達成されると音や映像が華々しく盛り上げる。子どもたちは、ほめられたような気持ちになりうれしくなる。

❻ 他人と比較することなく上達を実感できる

自分の成長具合や達成状況がはっきりとわかり、それでいて、他人と比較されることがない。

❼ 好奇心をくすぐる

ステージが上がるにつれ、新しい発見があり隠れキャラや裏技、ボーナスステージなど好奇心を刺激する「仕掛け」が施されている。

モチベーションを高める〈スーパーチャージ〉

「ダイエットくじ」をつくり、成功した人には賞金を与えることにしたら、効果が3倍に。

人の心理を巧妙に利用して人助けを行う

カーネギー・メロン大学の**ローウェンスタイン**は「人間の心理や行動の傾向を積極的に利用することで、人助けができる」ことを示しました。たとえば、ダイエットを成功させたい人がいるとします。通常なら「ダイエットに成功したら賞金を出す」という「アメ」を与えてモチベーションを高めようと考えますが、それだと費用がかかりすぎます。ローウェンスタインはこうした案件に対して、**くじ**を利用した**スーパーチャージ**と呼ぶ方法を提案しました。

あるダイエットプログラムでは、参加者100人のうち、ひとりに100ドル（約1万円）の賞金が当たるという「くじ」を導入しました（目標体重に達していないと、くじに当たっても賞金はもらえない）。結果、通常のダイエットプログラムの3倍以上の体重減少効果が得られました。そのギャンブル性が、単に成功者全員に賞金を出すこと以上に、ダイエットへの意欲を高めたのです。同時に、本来なら最高で1万ドルかかるところを、100ドルというわずかなコストで、大きな成果を得ることに成功しました。

Column

ギャンブル性を導入することの効果

上記で紹介したのは、ダイエットを「くじ」という「ギャンブル」にすることでゲームや遊びの要素を加え、参加者の関心を引き付けたという例です。さらに、仮に低い確率を勝ち抜いてせっかくくじに当たっても、ダイエットに成功していないと賞金がもらえないことが、「後悔をしたくない」という強い思いを駆り立て、ダイエットを続ける動機となりました（後悔回避）。

くじで行動を誘導する

目標とするダイエットを成功させたい

従来の発想

アメを与える　**ダイエットに成功した人に賞金を出す**

小さい金額では効果なし。かといって大きい金額ではコストがかかりすぎて実行できない　✕

「ダイエットくじ」をつくった

ダイエットくじプログラムに参加した人100人に1人が最高100ドル（約1万円）の賞金を手にできるくじを導入する。ただし目標体重を達成していないと当選しても賞金はもらえない

ギャンブル性があり、ダイエットの意欲を高められた

通常のダイエットプログラムの3倍以上の体重減少効果があった　○

くじで行動を誘導できた理由

1 後悔回避

当選したのに目標体重を達成していないために賞金をもらえないと、かなり後悔する。そうした後悔はしたくないので、積極的にダイエットした。

2 小さい確率を過大評価する

実際には1％なのに、多数の人は自分の当たる確率を5％ぐらいあるように認識した。当たる確率を高めに見てしまうために、参加者の意欲がより高められた。

自由主義と温情主義のいいとこどり？〈自由主義的パターナリズム〉

強制しなくても人の不合理行動を巧みに利用すれば、行動は誘導できる。

行動経済学から自由主義と温情主義の中間の考え方を探る

弱者保護政策を考える場合、立場の違いによって意見が大きく異なります。自由主義を志向する人は、合理的な人間の自由な行動で市場経済は発展してきたのだから、弱者保護のような「規制」は極力減らすべきだと主張します。これに対して温情主義を志向する人は、「人は正確な意思決定ができるとは限らない」と、弱者保護のための規制が必要であることを強調します。

そこで、**セイラー**や**サンスティーン**らの行動経済学者は自由主義と温情主義の中間的な立場である**自由主義的パターナリズム**を提唱しました。年金を例にとると、自由主義者は老後の資金は各人が蓄えるべきで公的年金制度は不要という立場、温情主義者は各人に任せておくと資金はたまらないから、強制加入の公的年金制度が必要という立場です。現在の公的年金制度は全員加入が原則で、温情主義に近いスタンスといえます。自由主義的パターナリズムでは、「加入しない選択肢」も用意しつつ、何もしなければ自動的に年金に加入するようなしくみを推奨しています（左ページ参照）。

Column

誘導する政策「ナッジ」の実例

ナッジ（nudge）という言葉は「横腹を肘で軽く突く」という意味の英語ですが、行動経済学では、強制せずに誘導するしくみのことを「ナッジ」といいます。米国での確定拠出年金（いわゆる401k）の実例（何もしなければ自動的に新しい確定拠出年金に移行しますが、従来の確定給付年金に留まるオプションも選べるようにすることで、多くの従業員に新しい確定拠出年金に移行してもらうことに成功した）が知られています。

公的年金制度をめぐる論争

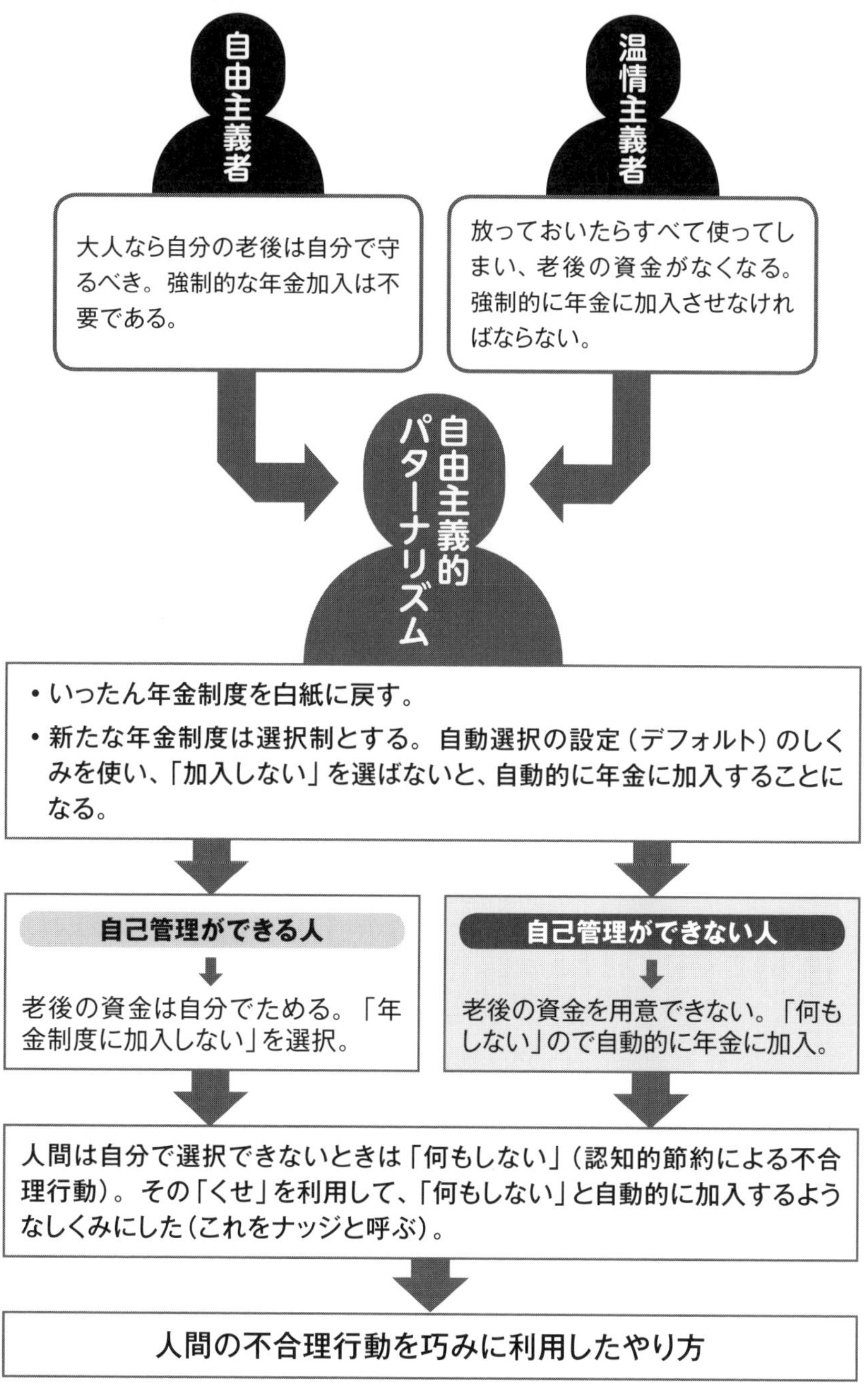
自由主義者
温情主義者
大人なら自分の老後は自分で守るべき。強制的な年金加入は不要である。
放っておいたらすべて使ってしまい、老後の資金がなくなる。強制的に年金に加入させなければならない。
自由主義的パターナリズム
・いったん年金制度を白紙に戻す。
・新たな年金制度は選択制とする。自動選択の設定（デフォルト）のしくみを使い、「加入しない」を選ばないと、自動的に年金に加入することになる。
自己管理ができる人
老後の資金は自分でためる。「年金制度に加入しない」を選択。
自己管理ができない人
老後の資金を用意できない。「何もしない」ので自動的に年金に加入。
人間は自分で選択できないときは「何もしない」（認知的節約による不合理行動）。その「くせ」を利用して、「何もしない」と自動的に加入するようなしくみにした（これをナッジと呼ぶ）。
人間の不合理行動を巧みに利用したやり方

公的年金の株式投資は間違っている？

株式投資を極端に避けようとする日本人

公的年金の運用を行っている年金積立金管理運用独立行政法人（ＧＰＩＦ）は、２０１５年10月に運用方針を変更しました。国内株式と外国株式の構成比率を引き上げる一方で、国内債券の構成比率を大幅に引き下げることにしたのです。「公的年金の資金をリスクの高い株式で運用するのはよくない」との批判がありましたが、実は株式投資をしないことにもリスクがあります。

株式で運用した場合、景気が悪化すれば運用は低迷して年金給付額も少なくなります。ただしその場合、企業業績も振るわず国民も低所得で厳しい生活ですが物価も下がります。**物価と給付額が同じ割合で下がるなら、生活はほとんど変化しません。**逆に好況が続き、多くの国民が高所得を楽しんでいるときに、株式で運用していないと年金の受取額は相対的に低くなります。皆の収入が増えているときに年金生活者だけがつましい生活を強いられるのは正しい姿だとはいえません。**見かけの利益にとらわれて、「株式投資はリスクが高い」と考えるのはある種の貨幣錯覚**（Ｐ１１６）といえます。

「株式投資はギャンブルだ」といって過度に避けること自体にも、リスクがある。

Column

不況期の賃金引き下げはやむをえない

不況期は売り上げも利益も減少しますから、企業としては人件費の削減も選択肢のひとつです。ただ、労働者のほうは物価が下がっていることに気がつかず（貨幣錯覚）、賃金の引き下げに猛烈に抵抗します。不況期に賃金引き下げに不満を感じて会社を辞めてしまう人もいますが、不況期では再就職も容易ではありません。物価と賃金率を考えて、冷静に判断しましょう。

株式投資をしないリスク

年金をギャンブルで運用するなんて危なくてしかたがないわ
株って ギャンブルでしょ?
株式運用のリスクを問題視する批判がありますが、株式投資をしないことにもリスクがあるので、この批判は合理的とは言えません

好況期	不況期
企業業績は好調、物価は上昇	企業業績は低迷、物価も下落
↓	↓
株式運用していれば配当も株価も上昇 株式運用しなければ物価上昇の分だけ実質的な運用益は下がる	株式で運用していると配当も減少、株価も下落 株式運用しなければ物価が下がる分実質的な運用益は上がる
↓	↓
株式運用していれば好景気の恩恵が受けられる 株式運用しなければ年金生活者の生活は相対的に苦しくなる	株式運用の見かけの運用益は下がるが、物価が下がる分実質運用益の低下は小さい

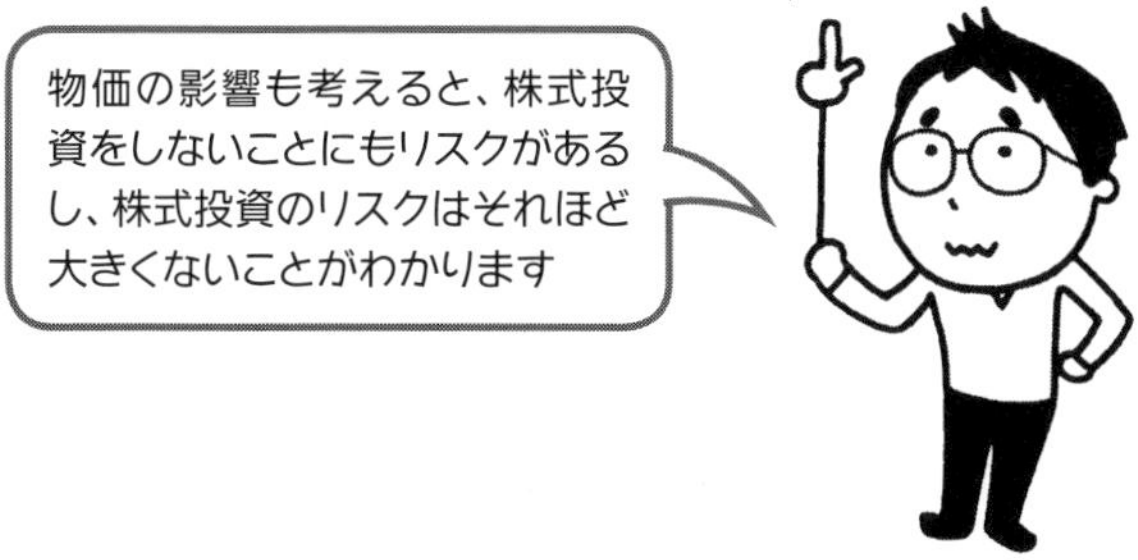
物価の影響も考えると、株式投資をしないことにもリスクがあるし、株式投資のリスクはそれほど大きくないことがわかります

行動経済学と不況対策

行動経済学の知見を借り、不況時に被害を最小にし、経済を再生させるシナリオを描く。

デフレを食い止め、将来の見通しを明るくする

不況対策として、政府が公共事業を行って建設需要をつくりだす財政政策が知られていますが、これが有効だったという実証結果は得られていません。行動経済学の視点を導入すると、第一にデフレ対策が重要であることがわかります。デフレ、すなわち**物価が下がることの問題は「貨幣錯覚」が起こること**です。貨幣錯覚のために人々は実質的な賃金が下がったと勘違いして、働く意欲を失ってしまいます。企業経営者も錯覚を起こして守りの経営に入ってしまいます。この悪い流れを断ち切るためには**市場に大量の資金を供給して物価を上昇させる金融緩和が有効**な対策になります。

また、企業が積極的に投資をし、消費者が安心して消費ができるようにするためには将来に対する不安材料を取り去らなければなりません。将来に対する見通しや期待という実体のないものが私たちの経済活動を左右しています。少子高齢化や財政赤字問題などの不安材料を解決する地道な対策こそが、真の景気対策なのかもしれません。

Column
ニューディール政策と情報スーパーハイウェイ構想

過去の経済政策を見直すと、米国のルーズベルト大統領が世界恐慌を克服するために採用したニューディール政策やクリントン大統領が手がけた情報スーパーハイウェイ構想などが長期的な経済見通しを明るくするような政策ビジョンといえます。後者によって、インターネットが世界的に普及しました。

不況時の経済対策

デフレ期に労働者が賃下げを受け入れることは実際には難しいですね。貨幣錯覚のために労働者の士気に影響し、生産性が著しく下がるのではないでしょうか
たしかにそうですね　有効な不況対策はないものでしょうか
行動経済学から見ると、手を打てることは、たくさんあります

❶デフレ対策 ……… 貨幣錯覚を起こすデフレ進行を食い止めるために資金を市場にふんだんに供給

❷信用不安対策 ……… 不安の連鎖で企業の資金繰りが苦しくなる

▼

- **政府や政府系金融機関が信用保証**
- **政府や政府系金融機関から企業へ直接投融資**

❸景気刺激策 ……… 長期的な経済見通しが暗い
年金問題、少子化問題、地球温暖化問題、農業問題、エネルギー問題、教育問題など重要な課題に解決の兆しが見られない

▼

- **長期的な経済見通しを明るくするような政策ビジョンを示す**
- **年金問題、少子化問題、地球温暖化問題、農業問題、エネルギー問題、教育問題などに何らかの手を打ち、状況を少しでも改善する**

どれも大事ですね。ただ、長期的なビジョンを打ち出したとしても、国民が納得し、信用しなければ、絵に描いたもちになってしまいそうです。明るい見通しを持てません
そのとおりですね。そのためにも「人は、どのように行動するか」「行動には、どんな心理やメカニズムが作用しているか」を、さらに研究する必要があります

行動経済学の意義

行動経済学は世の中の常識や固定観念を疑い、正していくための「またとない分析道具」。

成果主義が導入され社会は「イス取りゲーム化」したといわれています
「高齢社員が引退しないと若者が座るイスはない」というわけです
これをどのように考えますか？
高齢社員と若者で世代交代がスムーズに行くことは歓迎ですが今後は少子化で労働者不足も指摘されていますよね
高齢社員の手も借りないと企業が回らないかも
この問題の解決には「定年退職後は働かずに暮らす」という「常識」を変える必要があります
次に現状は労働者と労働組合が「賃金引き下げ」を受け入れないので稼いでいる中堅社員よりも働かない高齢社員のほうが高い給料をもらっている
…この「常識」をどう思いますか

常識や固定観念を疑うことを教えた行動経済学

私たちは周囲のいろいろなものに、ありもしない**規則性**を見出し（**代表性ヒューリスティック：P90**）、それが今後もずっと続いていく「確固としたもの」だと錯覚しています。さらに、学習本能は大勢がしていることを正しいことだと認識させます（**同調心理**）。これによってできた社会慣習や常識、固定観念が私たちの社会にはたくさんありますが、それらが正しいという保証はありません。世の中には経済に関する間違った

固定観念が多くあります。

「社会はゼロサムゲームであって、誰かが儲かれば必ず誰かが損をする」

「所得が増えれば幸せになる」

「株式投資はギャンブルのようなものだから手を出すべきではない」

「景気対策には公共投資が有効だ」

目の前にある問題や社会問題を解決するためには、行動経済学的な視点でこうした常識や固定観念を疑い、正していくことが必要とされます。

行動経済学は、一段と強力な分析道具になった

伝統的な経済学では「人間は合理的に行動する」と考えましたが、こうした理想像を前提にすると現実の経済活動を説明しきれません。人間は無意識のうちにバイアスがかかり、

不合理な行動をしているからです。

ただ、伝統的経済学が理想的行動を打ち出したことで、行動経済学者は、それと比較するかたちで人間行動の不合理性や傾向を明らかにすることができました。合理的人間像があったからこそ、リアルな人間行動を認識することができたのです。

伝統的経済学と行動経済学は対立しているわけではありません。むしろ補完関係にあるといえます。伝統的経済学をつくりあげたイギリスの**ケインズ**も、必ずしも合理的には説明できない「投資や事業拡大の動機となる将来の利益に対する主観的な期待」のことを**アニマルスピリット**と呼び、注目しました。不合理な行動を自分の理論に取り込んだわけです。

伝統的経済学は人間行動ではなく、人や企業の間の利害関係に注目しました。問題の全体像を明らかにしようとする俯瞰的な思考が、依然として現在の社会経済問題の解明と解決に役立つことは間違いありません。そうした俯瞰的な思考に行動経済学が加わることで、経済学は従来よりも強力な分析道具になりました。私たちの生活や社会全体を、さらによいものにするために大いに活用したいものです。

Column

人間行動を考慮に入れ、政治のあり方を再検討

政治と経済は密接に関係しています。経済学者のケネス・アローが指摘したように、人間が合理的だとしても民主的な多数決ルールでは必ずしも最適な社会的決定をくだせません。まして、不合理な行動をしてしまう人間が、既存のルールでよりよい意思決定を行うことができるのかどうかは疑問です。人間行動、特に現状を正当化する傾向があることを考慮したうえで、政治のあり方をもう一度見直してみる必要があります。

ひ

ふ

へ

ほ

ま

み

む

も

よ

ら

り

ろ

うん
うん

索引

川西 諭（かわにし・さとし）

上智大学経済学部教授。東京大学大学院経済学研究科を経て、1998年より上智大学経済学部で教鞭をとる。経済学博士。主な研究分野はゲーム理論と行動経済学を応用した経済社会分析。経済変動や金融危機、環境問題、少子高齢化や地域の活性化など、さまざまな問題に取り組む。現在は、地域や企業内における人間関係が経済活動に与える影響を多面的に分析し、理想的な人間関係を実現するための介入方法などについて研究している。主な著書に『ゲーム理論の思考法』（KADOKAWA／中経出版）、『経済学で使う微分入門』（新世社）、『図解よくわかる行動経済学』（秀和システム）、『金融のエッセンス』（共著、有斐閣）、『マンガでやさしくわかるゲーム理論』（日本能率協会マネジメントセンター）などがある。

装幀　石川直美（カメガイ デザイン オフィス）
装画　retrorocket/Shutterstock.com
本文漫画・イラスト　上田惣子
本文デザイン　川尻裕美・佐藤琴美（有限会社エルグ）
協力　岡林秀明
編集協力　ヴュー企画（池上直哉）
編集　鈴木恵美（幻冬舎）

知識ゼロからの行動経済学入門

2016年5月25日　第1刷発行
2019年4月10日　第2刷発行

著　者　川西 諭
発行人　見城 徹
編集人　福島広司

発行所　株式会社 幻冬舎
〒151-0051　東京都渋谷区千駄ヶ谷 4-9-7
電話　03-5411-6211（編集）　03-5411-6222（営業）
振替　00120-8-767643
印刷・製本所　株式会社　光邦

検印廃止

ISBN978-4-344-90312-8 C2095
Printed in Japan
幻冬舎ホームページアドレス　http://www.gentosha.co.jp/
この本に関するご意見・ご感想をメールでお寄せいただく場合は、comment@gentosha.co.jpまで。